CONTABILIDADE DE GESTÃO

CÁLCULO DE CUSTOS
E VALORIZAÇÃO DE INVENTÁRIOS

EXERCÍCIOS

CONTABILIDADE DE GESTÃO

CÁLCULO DE CUSTOS
E VALORIZAÇÃO DE INVENTÁRIOS

EXERCÍCIOS

2.ª Edição Revista e Aumentada

ADÉLIO SARAIVA
ANA ISABEL RODRIGUES
CLÁUDIA COIMBRA
ELISABETE CORREIA
MANUELA FANTASIA
ROSA NUNES

ALMEDINA

CONTABILIDADE DE GESTÃO
AUTORES
Adélio Saraiva
Ana Isabel Rodrigues
Cláudia Coimbra
Elisabete Correia
Manuela Fantasia
Rosa Nunes
EDITOR
EDIÇÕES ALMEDINA, S.A.
Avenida Emídio Navarro, 81, 3D
3000-151 CoimbraTel.: 239 851 904 · Fax: 239 851 901
www.almedina.net · editora@almedina.net
PAGINAÇÃO
EDIÇÕES ALMEDINA, S.A.
DESIGN DE CAPA
FBA./Ana Simões
PRÉ-IMPRESSÃO, IMPRESSÃO E ACABAMENTO

Setembro, 2022
DEPÓSITO LEGAL

ALMEDINA | GRUPOALMEDINA

BIBLIOTECA NACIONAL DE PORTUGAL – CATALOGAÇÃO NA PUBLICAÇÃO
SARAIVA, Adélio Alferes
CONTABILIDADE DE GESTÃO: Cálculo de Custos e Valorização de Inventários: Exercícios – 2.ª ed. revista e aumentada – (Contabilidade)
ISBN 978-989-40-0794-4
CDU 657

ÍNDICE

NOTA PRÉVIA

Este livro resultou da conjugação de uma vontade antiga dos seus autores e do desafio lançado pela Edições Almedina.

Esta vontade dos autores, todos docentes na área da contabilidade de gestão no ISCAC – Coimbra Business School, resulta do desejo de proporcionar aos seus alunos um suporte ao estudo que seja abrangente nas temáticas abordadas e exaustivo nas situações práticas com que estes se possam vir a deparar.

Na opinião dos autores, a contabilidade de gestão só poderá ser entendida através de um processo de ensino e aprendizagem em que se compreendam cada uma das temáticas envolvidas, mas em que, paralelamente, se desenvolva uma visão integradora do conjunto destas temáticas.

Dedicou-se este livro de exercícios aos temas da contabilidade de gestão que estão mais diretamente relacionados com a valorização dos inventários da produção, nomeadamente quanto aos sistemas de custeio dos produtos e serviços fornecidos por uma entidade.

A segunda edição desta obra inclui algumas alterações a exercícios já existentes na primeira edição e ainda novos exercícios, visando abranger um leque mais diversificado de situações passíveis de serem encontradas na realidade das empresas e de outras organizações que necessitem de valorizar os seus inventários e/ou segmentar gastos, rendimentos, margens e resultados, com vista à tomada de decisão. Estas alterações são da responsabilidade dos autores Adélio Saraiva, Ana Isabel Rodrigues, Cláudia Coimbra, Manuela Fantasia e Rosa Nunes.

CAPÍTULO I

—

A CONTABILIDADE DE GESTÃO

1.1. Demonstração dos Resultados por Natureza e Demonstração dos Resultados por Funções

Exercício 1 **Mota e Gomes**

Considere os seguintes dados respeitantes ao período N e à empresa Mota e Gomes, Lda.:

- Resultado antes de Impostos (DR por Funções) = 30.000€
- Total dos gastos por natureza (DR por Natureza) = 100.000€
- Total do outros rendimentos (DR por Natureza) = 150.000€

Pedido:

Determine o valor da Variação de Inventários da Produção, no período N.

Exercício 2 **Empresa C**

A empresa C, Lda. produz um só produto, o C. Relativamente ao Ano N, conhecem-se os seguintes elementos retirados do Balancete da empresa e dos inventários:

Conta	Rúbricas do Balancete	Saldo
61	Custo das matérias-primas consumidas	5 000 €
62	Fornecimentos e Serviços Externos	
6233	Despesas com Materiais de Escritório	200 €
6238	Materiais Diversos Consumidos na Fábrica	500 €
624	Energia e fluidos consumidos na Fábrica	600 €
6254	Transportes dos produtos vendidos	2 000 €
63	Gastos com o pessoal	
631	Gastos com o pessoal administrativo	1 500 €
6321	Gastos com o pessoal da produção	8 000 €
6322	Gastos com o pessoal das vendas	8 000 €
64	Gastos de depreciação e de amortização	
6423	Depreciação de equipamento de produção	900 €

Conta	Rúbricas do Balancete	Saldo
6425	Depreciação de equipamentos de escritório	300 €
71	Vendas de produtos (1.500 unidades de C)	45 000 €

Inventários	01/01/Ano N	31/12/Ano N
Produtos Acabados (C)	500 unid. a 6€/cada	1.000 unid.

A empresa valoriza as saídas de inventários ao Custo Médio Ponderado.
Admita uma taxa de IRC de 25%.

Pedido:

Relativamente ao ano findo em 31-12-N, elabore:

1. A Demonstração dos Resultados por Natureza (DRN);
2. A Demonstração dos Resultados por Funções (DRF).

Exercício 3 **Fevereiro/N**

Reclassifique, por funções, os seguintes gastos por natureza e calcule o total de custos das funções de produção, comercial, administrativa e financeira:

Gastos por natureza no mês de fevereiro do ano N	Valor (€)
Seguro do edifício fabril	420
Salários dos Administradores	3 000
Renda do edifício fabril	2 000
Transporte de produtos acabados	800
Gastos c/ Serviços bancários de efetuar transferências	35
Gastos de representação e estada em feiras de divulgação dos produtos	2 500
Remuneração do Diretor de produção	2 500
Juros de financiamentos obtidos	1 205
Custo das matérias-primas consumidas	32 700
Seguros de acidentes de trabalho do pessoal da produção	200
Remunerações do pessoal da produção	14 000
Comissões a vendedores	1 500

Exercício 4 **MBBC**

Considere as seguintes rubricas relativas à empresa industrial MBBC.

Rubricas	DRN	DRF	Balanço
Vendas			
Custo das vendas			
Gastos de distribuição			
Custo das matérias consumidas			
Gastos com pessoal			
Gastos administrativos			
Resultado bruto (ou Margem bruta)			
Variação nos inventários da produção			
Inventário finais de matérias-primas			
Inventário finais de produtos acabados			
Inventário finais de produtos em vias de fabrico			
Gastos de financiamento			
Fornecimentos e serviços externos			
Subsídios à exploração			
Outros gastos operacionais			
Resultado operacional			
Resultado líquido			

Pedido:

Para cada uma das rubricas assinale se devem ser incluídas na Demonstração dos Resultados por Natureza, na Demonstração dos Resultados por Funções, ou no Balanço final.

Exercício 5 **Empresa Industrial A**

Considere as seguintes operações respeitantes a uma empresa industrial A:

Operações	**Valor (€)**
Dividendos pagos aos acionistas	13 000
Processamento de remunerações do pessoal fabril	120 000
Cedência, à empresa, a título gratuito, de armazém propriedade dos sócios	0
Pagamento de IRC	7 800
Compra a 90 dias de 400 kg de matéria-prima	8 000
Venda a p.p. de 4 000 unidades de produto acabado	400 000
Pagamento de remunerações	150 000
Processamento e pagamento de fatura de energia elétrica da Fábrica	620
Processamento de fatura de serviços de telecomunicações do departamento administrativo	150
Amortização de empréstimo bancário	10 000
Processamento e pagamento de juros de empréstimo bancário	500
Aquisição de equipamento fabril a p.p.	103 000
Processamento de depreciações de equipamentos produtivos	12 000
Apuramento do custo das matérias consumidas	150 000

Pedido:

Calcule o total de gastos e de rendimentos a considerar para a elaboração da Demonstração dos Resultados por Funções, assumindo que toda a produção do período foi vendida.

Exercício 6 **Present**

A empresa Present, Lda. retirou da sua Demonstração dos Resultados por naturezas do ano N os seguintes saldos respeitantes a todos os gastos e rendimentos:

Rendimentos e Gastos	**Valor**
Vendas e serviços prestados	480 000 €
Variação nos inventários da produção	?

Rendimentos e Gastos	**Valor**
Custos das Mercadorias Vendidas e das Matérias Consumidas	162 300 €
Fornecimentos e Serviços Externos (FSE)	84 000 €
Gastos com o Pessoal	92 000 €
Gastos/reversões de depreciação e amortização	111 000 €
Juros e gastos similares obtidos	28 000 €

- A variação nos inventários da produção foi obtida através de informação da Contabilidade de Gestão:

	Produção em curso	**Produtos acabados**
Inventários iniciais	30 000 €	90 360 € (60 000 unid.)
Inventários finais	25 000 €	129 560 € (82 000 unid.)

- Da contabilidade de gestão conhece-se ainda a seguinte repartição dos FSE, gastos com pessoal e de depreciação e amortização pelas diversas áreas funcionais:

	Produção	**Comercial**	**Administrativa**
FSE	60%	20%	20%
Gastos com pessoal	65%	20%	15%
Gastos/reversões de depreciação e amortização	70%	15%	15%

- A empresa vendeu no período 200 000 unidades a 2,40 € (preço de venda) por unidade.
- O Custo Médio Ponderado é o critério de valorização das saídas de inventários.
- Admita uma taxa de IRC de 25%.

Pedido:

Apure através da Demonstração dos Resultados por Funções, o Resultado Líquido obtido no período considerado.

Exercício 7 **DRF/DRN**

Considere as seguintes informações relativa ao Ativo da empresa a 31 de dezembro do ano N e ano N-1 e à Demonstração dos Resultado por natureza do ano N.

Demonstração dos Resultados por Natureza do Ano N

RENDIMENTOS E GASTOS	Ano N
Vendas e serviços prestados	351 200€
Subsídios à exploração	- €
Variação nos inventários da produção (A)	?
Trabalhos para a própria entidade (B)	?
Custos das mercadorias vendidas e das matérias consumidas	35 100€
Fornecimentos e serviços externos *	92 500€
Gastos com o pessoal **	122 000€
Imparidade de inventários (perdas/reversões)	- €
Imparidade de dividas a receber (perdas/reversões)	- €
Provisões (aumentos/reduções)	- €
Outras imparidades (perdas/reversões)	- €
Aumentos/reduções de justo valor	- €
Outros rendimentos e ganhos	- €
Resultado antes de depreciações, gastos de financiamentos e impostos (C)	?
Gastos/reversões de depreciação e de amortização	- €
Resultado operacional (D)	?
Juros e rendimentos similares obtidos	
Juros e gastos similares suportados	125€
Resultado antes de impostos (E)	?
Imposto sobre o rendimento do período	5010
Resultado liquido do período (F)	?

Notas:
* 50% respeita à Função Produção; 12% à Função Distribuição e o restante à Função Administrativa;
** 75% respeita à Função Produção; 15% à Função Distribuição e o restante à Função Administrativa.
No início do ano N dois técnicos, normalmente afetos à função produção, estiveram a desenvolver novos produtos e processos. Os gastos com este pessoal corresponderam a 5% do montante total de custos com pessoal afeto à função produção.

Balanço em 31/12/N	**Ano N**	**N-1**
ACTIVO		
Ativo não Corrente		
Ativos Fixos Tangíveis		
Edifícios	120 000€	120 000€
Equipamento	520 000€	520 000€
Depreciações Acumuladas		
Edifícios	120 000€	120 000€
Equipamento	520 000€	520 000€
Total do Ativo não Corrente	0€	0€
Ativo Corrente		
Inventários de Matérias-Primas	25 000€	12 000€
Inventários de Produtos Acabados	121 000€	202 000€
Clientes	150 000€	14 000€
Caixa e Depósitos Bancários	1 200€	2 000€
Total do Ativo Corrente	297 200€	230 000€
TOTAL DO ACTIVO	297 200€	230 000€

Pedido:

1. Apure, através da DRF, o Resultado Bruto e o Resultado Líquido do período.
2. Determine o valor das incónitas da DRN.

Exercício 8 **Produto T**

Uma empresa industrial dedica-se à produção do produto T e da atividade relativa ao período N a empresa retirou os seguintes elementos da sua contabilidade financeira:

Gastos por natureza	**Valor**
Compras de matérias-primas	117 500,00 €
Despesas de compra, relativas à aquisição de matérias-primas	12 500,00 €
Gastos com os salários dos operários fabris* (não inclui encargos)	32 000,00 €

Gastos por natureza	**Valor**
Encargos sociais sobre os salários dos operários fabris	19 200,00 €
Gastos com outro pessoal da fábrica que não pessoal direto ** (não inclui encargos)	20 000,00 €
Encargos sociais sobre os ordenados do pessoal fabril que não pessoal direto	12 000,00 €
Depreciações do edifício e equipamento fabris	130 000,00 €
Água e eletricidade dos serviços fabris	5 500,00 €
Gastos com combustível consumido na fábrica	80 000,00 €
Gastos com salários da administração (não inclui encargos)	25 500,00 €
Gastos com salários do pessoal de escritório (não inclui encargos)	6 300,00 €
Encargos sociais sobre os salários da administração e do pessoal de escritório	4 000,00 €
Gastos com material de escritório	1 000,00 €
Comissões dos vendedores	15 000,00 €
Gastos com transporte dos produtos acabados	3 000,00 €
Gastos com publicidade	2 000,00 €

* A empresa classifica estes gastos como MOD
** A empresa classifica estes gastos como Mão de Obra Indireta

Vendas e inventários	**Valor**
Vendas	490 000,00 €
Inventários no início do período N:	
Matérias primas	5 000,00 €
Produtos acabados	40 000,00 €
Inventários no final do período N:	
Matérias primas	500,00 €
Produtos acabados	?
Produtos em vias de fabrico no fim do mês	27 700,00 €

A empresa produziu nesse período 100 000 unidades e vendeu 90 000. No início do período N estavam em armazém 10 000 unidades do produto T.

A empresa utiliza o Custo Médio Ponderado para valorizar as saídas de inventários.

Pedidos:

1. Calcule o valor dos inventários finais de produtos acabados.
2. Calcule o valor da Variação dos Inventários de produção, a incluir na Demostração dos Resultados por Natureza.
3. Calcule os valores do Resultado Bruto, Resultado Operacional e Resultado Líquido a incluir na Demostração dos Resultados por Funções do período N.

Exercício 9 **Coelho & Cartola**

Considere as seguintes informações relativa à empresa Coelho & Cartola, Lda.:

Balanço em 31/12/N	**Ano N**	**N-1**
ACTIVO		
Ativo não Corrente		
Ativos Fixos Tangíveis		
Terrenos	320 000 €	320 000 €
Edifícios	186 401 €	80 000 €
Equipamento	936 077 €	832 000 €
Depreciações Acumuladas		
Edifícios	- 63 200 €	- 32 000 €
Equipamento	- 744 000 €	- 624 000 €
Total do Ativo não Corrente	635 278 €	576 000 €
Ativo Corrente		
Inventários		
Inventários de Matérias-Primas	13 892 €	3 120 €
Inventários de Produtos Acabados	102 072 €	16 000 €
Clientes	192 683 €	145 350 €
Caixa e Depósitos Bancários	10 000 €	119 184 €
Total do Ativo Corrente	318 647 €	283 654 €
TOTAL DO ACTIVO	953 925 €	859 654 €
CAPITAL PRÓPRIO E PASSIVO		
Capital Próprio		
Capital Realizado	640 000 €	640 000 €

Balanço em 31/12/N	**Ano N**	**N-1**
Reservas Legais	57 854 €	52 000 €
Resultados Transitados		
Resultado do Exercício	- 117 700 €	30 854 €
Total do Capital Próprio	580 154 €	722 854 €
Passivo		
Passivo não corrente		
Empréstimo a longo prazo	67 200 €	84 000 €
Total do Passivo não Corrente	67 200 €	84 000 €
Passivo Corrente		
Empréstimos	43 115 €	
Fornecedores	142 877 €	24 000 €
Estado e Outros Entes Públicos (SS e IRS)	120 579 €	28 800 €
Total do Passivo Corrente	306 571 €	52 800 €
Total do Passivo	373 771 €	136 800 €
TOTAL CAPITAL PRÓPRIO e do PASSIVO	953 925 €	859 654 €

Demonstração dos Resultados por Natureza do Ano N

RENDIMENTOS E GASTOS	**Ano N**
Vendas e serviços prestados	2 475 744 €
Subsídios à exploração	- €
Variação nos inventários da produção	(A) ?
Trabalhos para a própria entidade	- €
Custos das mercadorias vendidas e das matérias consumidas (1)	655 696 €
Fornecimentos e serviços externos (2)	602 320 €
Gastos com o pessoal (3)	1 258 016 €
Imparidade de inventários (perdas/reversões)	- €
Imparidade de dividas a receber (perdas/reversões)	- €
Provisões (aumentos/reduções)	- €
Outras imparidades (perdas/reversões)	- €

Aumentos/reduções de justo valor	- €
Outros rendimentos e ganhos	- €
Resultado antes de depreciações, gastos de financiamentos e impostos	(B) ?
Gastos/reversões de depreciação e de amortização (4)	151 200 €
Resultado operacional (antes de gastos de financiamento e impostos)	
Juros e rendimentos similares obtidos	1 105 €
Juros e gastos similares suportados	13 389 €
Resultado antes de impostos	(C) ?
Imposto sobre o rendimento do período	(D) ?
Resultado liquido do período	(E) ?

Notas:
(1) O valor respeita apenas a Custo das Matérias Consumidas
(2) 414 720 € da Função Produção; 168 640 € da Distribuição e o restante da Administrativa
(3) 802 672 € da Função Produção, sendo que 102 672 € diz respeito ao ordenado do chefe de produção; 96 000 € da Distribuição e o restante da Administrativa
(4) 130 000 € Produção Função; 10 600 € da Distribuição e o restante da Administrativa

Pedidos:

1. Apure, através da DRF, o Resultado Bruto e o Resultado Líquido do período.
2. Determine o valor das incógnitas da DRN.

Exercício 10 **Rosana**

No dia 31 de março do ano N, a empresa Rosana, Lda., que se dedica à produção de licores, apresentava os seguintes movimentos contabilístico, referentes ao primeiro trimestre do ano:

Rendimentos	
Vendas de produtos acabados	2 013 125 €
Subsídios à exploração	10 000 €
Descontos de pronto pagamento obtidos	5 000 €
Juros obtidos	12 000 €

Sabe-se que não existiam inventários iniciais de produção acabada, que 75% da produção foi vendida e que não existiam inventários de produção em curso, quer no início, quer no final do trimestre.

Gastos	Funções				
	Produção	**Distri-buição**	**Adminis-trativa**	**Finan-ceira**	**Total**
Custo das MP consumidas					200 000 €
Custo das Mat. Subs. Consumidas					50 000 €
Fornecimentos e Serviços Externos	262 500,00 €	70 000,00 €	17 500,00 €	- €	350 000 €
Gastos com Pessoal	480 000,00 €	90 000,00 €	30 000,00 €	- €	600 000 €
Gastos de depreciação/ amortização	198 000,00 €	17 600,00 €	4 400,00 €	- €	220 000 €
Outros gastos e perdas	49 000,00 €	14 000,00 €	7 000,00 €	- €	70 000 €
Juros suportados					10 000 €

Pedidos:

Relativamente ao 1.º trimestre do ano N:

1. Determine o custo de produção dos produtos acabados (CPPA)
2. Determine o custo de produção dos produtos vendidos (CPPV)
3. Determine o valor da Variação dos Inventários da Produção
4. Apure, através da DRF, o Resultado Bruto e o Resultado Antes de impostos.

Exercício 11 **Horta & Costa**

A empresa Horta & Costa, Lda. fabrica e vende os produtos A e B e utiliza o Sistema de Inventário Intermitente. Em 31/12/N, apresenta o seguinte balancete do razão, antes do apuramento do valor dos inventários finais:

Conta	Descrição	Saldos devedores	Saldos credores
11	Caixa	2 500,00 €	– €
12	Depósitos à ordem	20 000,00 €	19 000,00 €

Conta	Descrição	Saldos devedores	Saldos credores
13	Outros depósitos bancários	150 000,00 €	- €
21	Clientes	450 000,00 €	355 450,00 €
22	Fornecedores	450 000,00 €	492 000,00 €
23	Pessoal	6 300,00 €	5 300,00 €
24	Estado e outros entes públicos	100 000,00 €	60 000,00 €
25	Financiamentos obtidos	700 000,00 €	1 000 000,00 €
31	Compras de Matérias-primas	400 000,00 €	7 500,00 €
33	Matérias-primas	30 000,00 €	- €
34	Produtos Acabados (1)	220 000,00 €	- €
36	Produtos e trabalhos em curso	50 000,00 €	
43	Ativo fixos tangíveis	6 231 200,00 €	3 500 000,00 €
51	Capital	- €	1 700 000,00 €
62	Fornecimentos e serviços externos	400 000,00 €	750,00 €
63	Gastos com o pessoal	500 000,00 €	- €
64	Gastos/reversões de depreciação e de amortização	250 000,00 €	- €
69	Gastos e perdas de financiamento	35 000,00 €	- €
71	Vendas (2)	5 000,00 €	2 175 000,00 €
78	Outros rendimentos e ganhos	- €	10 000,00 €
79	Juros, dividendos e outros rendimentos	- €	675 000,00 €
	TOTAL	10 000 000,00 €	10 000 000,00 €

(1) valorizados ao custo unitário de 22€
(2) Ao preço de venda de 43,40€ por unidade

Extra contabilisticamente obteve-se a seguinte repartição funcional de alguns gastos:

	Produção	Comercial	Administrativa	Investigação & Desenvolvimento
Gastos com o pessoal	70,00%	25,00%	3,50%	1,50%
Fornecimentos e Serviços Externos	80,00%	16,00%	2,00%	2,00%
Depreciações e Amortizações do Exercício	85,00%	10,00%	2,50%	2,50%

Conhecem-se ainda os seguintes elementos relativos aos inventários da empresa a 31/12/N:

Matérias-primas, subsidiárias e de consumo	44 400 €
Produtos Acabados	12 000 unidades
Produtos e trabalhos em curso	75 000 €

A empresa utiliza o critério FIFO para valorizar as saídas de inventários.

Pedidos:

Relativamente ao ano N:

1. Determine o custo de produção dos produtos acabados (CPPA)
2. Determine o custo de produção dos produtos vendidos (CPPV)
3. Determine o valor da Variação dos Inventários da Produção
4. Apure, através da DRF, o Resultado Bruto e o Resultado antes de Impostos do período.

Exercício 12 **Produto M**

Em 31/12/N, determinada empresa que fabrica e vende o Produto M e que utiliza o Sistema de Inventário Intermitente, apresenta o seguinte balancete do razão, antes de apurar os inventários finais:

Conta	Descrição	Saldos devedores	Saldos credores
11	Caixa	3 729 €	- €
12	Depósitos à ordem	21 873 €	7 952 €
13	Outros depósitos bancários	100 000 €	- €
14	Outros Instrumentos financeiros	132 846 €	- €
21	Clientes	555 600 €	564 653 €
22	Fornecedores	317 €	520 057 €
23	Pessoal	5 322 €	4 322 €
24	Estado e outros entes públicos	91 173 €	54 141 €

Conta	Descrição	Saldos devedores	Saldos credores
25	Financiamentos obtidos	- €	1 649 364 €
27	Outras contas a receber e a pagar	87 407 €	244 705 €
28	Diferimentos	16 505 €	72 282 €
31	Compras de matérias-primas e subsidiárias	349 800 €	5 030 €
33	Matérias-primas, subsidiárias e de consumo	45 000 €	- €
34	Produtos Acabados	180 517 €	- €
41	Investimentos financeiros	14 506 €	- €
43	Ativo fixos tangíveis	6 252 754 €	3 836 065 €
44	Ativos intangíveis	396 969 €	87 533 €
51	Capital	- €	650 000 €
53	Outros Instrumentos de capital próprio	- €	200 000 €
55	Reservas	- €	
56	Resultados Transitados	- €	- €
58	Excedentes de revalorização de ativos fixos	- €	400 000 €
59	Outras variações no capital próprio	- €	
62	Fornecimentos e serviços externos	784 558 €	378 €
63	Gastos com o pessoal	1 027 500 €	- €
64	Gastos/reversões de depreciação e de amortização	255 216 €	
68	Outros gastos e perdas	- €	- €
69	Gastos e perdas de financiamento	32 875 €	- €
71	Vendas	4 940 €	1 967 150 €
72	Prestações de serviços	- €	46 773 €
75	Subsídios à exploração	- €	34 033 €
78	Outros rendimentos e ganhos	- €	9 500 €
79	Juros, dividendos e outros rendimentos	- €	5 469 €
81	Resultado líquido do período		
	TOTAL das contas de RAZÃO	10 359 407 €	10 359 407 €

Através da informação disponibilizada da Contabilidade de Gestão, conhecem-se os seguintes elementos relativos aos inventários da empresa no ano N:

Inventários iniciais	Inventários Finais
Matérias-primas, sub. e de consumo 45 000 €	Matérias-primas, sub. e de consumo 55 000 €
Produtos Acabados (3 630 unidades) 180 517 €	Produtos Acabados (11 644 unidades) ? €

Extra contabilisticamente obtiveram-se os seguintes elementos, quanto à repartição funcional de alguns gastos:

	Produção	Comercial	Administrativa	Investigação & Desenvolvimento
Gastos com o pessoal	719 250 €	256 875 €	40 875 €	10 500 €
Fornecimentos e Serviços Externos	627 646 €	127 298 €	16 236 €	13 000 €
Depreciações e Amortizações do Exercício	223 314 €	25 522 €	6 380 €	-

Vendas anuais de produtos acabados: 26 622 unidades.

A empresa utiliza o critério do Custo Médio Ponderado para valorizar as saídas de inventários.

Pedidos:

Relativamente ao ano N:

1. Determine a quantidade produzida
2. Determine o custo de produção dos produtos fabricados (CPPF)
3. Determine o custo de produção dos produtos acabados (CPPA)
4. Determine o custo de produção dos produtos vendidos (CPPV)
5. Determine o valor da Variação dos Inventários da Produção.
6. Apure, através da DRF, o Resultado Bruto e o Resultado antes de Impostos do período.

Exercício 13 **Moldes Internacionais**

A empresa Moldes Internacionais dedica-se à fabricação de moldes em aço destinados à indústria de transformação de matérias plásticas e utilizava, no ano N, o Sistema de Inventário Intermitente.

Da sua atividade desenvolvida no ano N, conhecem-se os seguintes balancetes do razão da contabilidade financeira (antes do apuramento de resultados):

Conta	Descrição	Saldos devedores	Saldos credores
11	Caixa	2 732 €	- €
12	Depósitos à ordem	21 873 €	7 952 €
13	Outros depósitos bancários	100 000 €	- €
14	Outros Instrumentos financeiros	132 846 €	- €
21	Clientes	555 600 €	564 653 €
22	Fornecedores	317 €	520 057 €
23	Pessoal	5 322 €	4 322 €
24	Estado e outros entes públicos	91 173 €	54 141 €
25	Financiamentos obtidos	- €	1 649 364 €
27	Outras contas a receber e a pagar	87 407 €	244 705 €
28	Diferimentos	16 505 €	72 282 €
31	Compras	349 800 €	5 029 €
33	Matérias-primas, subsidiárias e de consumo	45 500 €	- €
34	Produtos Acabados	1.181 514 €	- €
41	Investimentos financeiros	14 506 €	- €
43	Ativo fixos tangíveis	5 852 754 €	3 836 065 €
44	Ativos intangíveis	396 969 €	87 534 €
51	Capital	- €	673 380 €
53	Outros Instrumentos de capital próprio	- €	199 050 €
55	Reservas	- €	179 275 €
56	Resultados Transitados	143 933 €	- €
58	Excedentes de revalorização de ativos fixos	- €	406 785 €
59	Outras variações no capital próprio	- €	17 507 €
62	Fornecimentos e serviços externos	784 558 €	378 €
63	Gastos com o pessoal	1 017 509 €	- €
64	Gastos/reversões de depreciação e de amortização	255 216 €	– €
68	Outros gastos e perdas	22 786 €	- €
69	Gastos e perdas de financiamento	32 875 €	- €

Conta	Descrição	Saldos devedores	Saldos credores
71	Vendas	4 940 €	2 546 525 €
72	Prestações de serviços	- €	8 129 €
75	Subsídios à exploração	- €	3 408 €
78	Outros rendimentos e ganhos	- €	30 625 €
79	Juros, dividendos e outros rendimentos	- €	5 469 €
81	Resultado líquido do período		
	TOTAL das contas de RAZÃO	11 116 635 €	11 116 635 €

Da classe 9 da contabilidade de gestão, são apresentados os saldos em 31/12/N:

Conta	Descrição	Saldos dev	Saldos cre
9132	Inventários Iniciais refletidos de Matérias-primas		45 500
9134	Inventários Iniciais refletidos de Produtos Acabados		1 181 514
915	Compras Refletidas		344 771
9162	Fornecimentos e serviços externos refletidos		784 180
9163	Gastos com pessoal refletidos		1 017 509
9164	Gastos com depreciações refletidos		255 216
9168	Outros Gastos e Perdas refletidos		22 786
9169	Gastos de financiamento refletidos		32 875
9171	Vendas refletidas	2 541 585	
9172	Prestação de serviços refletidos	8 129	
9175	Subsídios à exploração refletidos	3 408	
9178	Outros Rendimentos e Ganhos refletidos	30 625	
9179	Juros, Dividendos e outros rendimentos similares refletidos	5 469	
921	Gastos Indiretos Produção	827 307	
922	MOD	661 381	
923	Custo dos materiais diretos consumidos	380 000	
924	Gastos administrativos	210 611	
925	Gastos de distribuição	380 392	
952	Inventários finais de matérias-primas	10 271	
954	Inventários finais de produtos acabados	1 050 202	

Pedidos:

Relativamente ao ano N, pretende-se que calcule:

1. O custo das matérias consumidas;
2. O Custo de produção dos produtos acabados (CPPA);
3. O Custo de produção dos produtos vendidos (CPPV);
4. O Resultado antes de Impostos.

1.2. Sistemas de Articulação entre a Contabilidade Financeira e a Contabilidade de Gestão

Exercício 14 **Produto Y**

Considere as seguintes operações:

Operações	Valor
1) Registo na CG dos Inventários iniciais de Matéria-prima A	2.000 €
2) Compra de Matéria-prima A	15.000 €
3) Consumo de Matéria-prima A no Produto X	5.000 €
4) Consumo de matéria-prima A no Produto Y	9.000 €
5) Reclassificação de Gastos c/ Pessoal (num total de 12.000€), como MOD	8.800 €
6) Reclassificação de Gastos c/ Pessoal (12.000€), como MOI	1.500 €
7) Reclassificação de Gastos c/ Pessoal (12.000€), como Gastos Administrativos	800 €
8) Reclassificação de Gastos c/ Pessoal (12.000€), como Gastos de Distribuição	900 €
9) Gasto com MOD na produção do Produto X	3.600 €
10) Gasto com MOD na produção do Produto Y	5.200 €
11) Reclassificação dos Gastos c/ energia elétrica (num total de 2.500€), como GIP	2.000 €
12) Reclassificação dos Gastos c/ energia elétrica (num total de 2.500€), como G. Adm.	500 €
13) Imputação de GIP ao Produto X	2.100 €
14) Imputação de GIP ao Produto Y	1.400 €
15) Registo na CG dos Inventários iniciais de Produto X	850 €
16) Entrada de Produto X em armazém	10.000 €

Operações	Valor
17) Entrada de Produto Y em armazém	12.000 €
18) Vendas de produto X (registo ao preço de venda)	15.000 €
19) Vendas de produto X (registo ao custo de produção)	7.200 €

Pedido:

Para cada uma das operações indicadas na tabela proceda aos registos contabilísticos correspondentes no sistema duplo contabilístico.

Exercício 15 **Empresa industrial X**

Considere os seguintes registos contabilísticos, relativos ao mês de março do ano N, de uma empresa industrial X que utiliza uma matéria-prima para produzir 2 produtos. Por simplificação, admita a inexistência de IVA.

3121 - Compras MP

1a)	€ 7000	€ 7000	1b)

221 - Fornecedores c/c

		€ 7000	1a)

331 - Inventário MP

1b)	€ 7000	€ 6 300	4)

639 - Gastos com Pessoal

		€ 11000	2)

935 - Serviços Administrativos

2)	€ 1500		
3)	€ 500		

921 - Gastos Indiretos Produção

2)	€ 1 000	€ 3 000	5)
3)	€ 2 000		

934 - Serviços Comerciais

2)	€ 1000		
3)	€ 500		

9422 - Custo Produção Prod B

2)	€ 3 500	€ 7 586	6b)
4)	€ 2 800		
5)	€ 1 286		

629 - FSE

		€ 3 000	3)

341 - Inv. Prod Acaba Prod A

6a)	€ 6 143		

9421 – Custo Produção Prod A

2)	€ 4 000	€ 6 143	6a)
4)	€ 3 500		
5)	€ 1 714		

342 – Inv. Prod Acaba Prod B

6b)	€ 7 586		

Pedidos:

1. Identifique o sistema de registo utilizado pela contabilidade de gestão.
2. Identifique as operações subjacentes aos movimentos apresentados.
3. Determine o saldo das contas de inventários e das contas especificas da contabilidade de gestão.

Exercício 16 **Empresa Industrial Y**

Considere os seguintes registos contabilísticos, relativos ao mês de março do ano N, de uma empresa industrial X que utiliza três matérias-primas para produzir 2 produtos. Por simplificação, admita a inexistência de IVA.

91323 – MP Inventários refletidos M3

Débito	Crédito	
	7 250	1a)

9151 – Compras refletidas M1

Débito	Crédito	
	93 000	1b)

9134 -Prod. Acab. Y

Débito	Crédito	
	2 800	2)

9152 – Compras refletidas M2

Débito	Crédito	
	26 250	1b)

9163 – Gastos com pessoal refletidos

Débito	Crédito
	3 310 3a)

9153 – Compras refletidas M3

Débito	Crédito	
	30 000	1b)

9162 – FSE refletidos

Débito	Crédito
	8 275 3b)

9521 – Armazém de MP M1

Débito	Crédito	
1b) 93 000	53 862	1c)
	33 480	1c)

9164 – Gastos Deprec. e Am. refletidos

Débito	Crédito
	4 965 3c)

9522 – Armazém de MP M2

Débito	Crédito
1b) 26 250	21 000 1c)

9523 – Armazém de MP M3

Débito	Crédito
1a) 7 250	14 900 1c)
1b) 30 000	

9421 – Custo Produção X

Débito	Crédito
1c) 53 862	82 447 4)
1c) 21 000	
3a) 2 206	
3b) 2 069	
3c) 3 310	
82 447	82 447

9422 – Custo Prod Y

Débito	Crédito
1c) 33 480	
1c) 14 900	
3a) 1 104	
3b) 6 206	
3c) 1 655	
57 345	

95411 – Armaz. Prod Acabados X

Débito	Crédito
4) 82 447	73 107 5b)

95412 – Armaz Prod Acaba Y

Débito	Crédito
2) 2 800	2 616 5b)

9171 1 – Vendas refletidas X

Débito	Crédito
5a) 108 000	

9171 2 – Vendas refletidas Y

Débito	Crédito
5a) 5 000	

9811 – Result. Bruto X

Débito	Crédito
5b) 73 107	108 000 5a)

9812 – Result. Bruto Y

Débito	Crédito
5b) 2 616	5 000 5a)

Pedidos:

1. Identifique o sistema de registo utilizado pela contabilidade de gestão.
2. Identifique as operações subjacentes aos movimentos numerados de 1 a 5.

Exercício 17 **Present 2**

Com base nos elementos referentes ao exercício n.º 5, proceda aos registos contabilísticos nas contas 921, 924, 925 (indicando as contas a movimentar em contrapartida), em Sistema Duplo Contabilístico, considerando que todos os gastos da Função Produção foram classificados como Gastos Indiretos de Produção à exceção do custo das matérias-primas.

Exercício 18 **Produto T 2**

Considerando os dados no exercício 7 e que a empresa utiliza o Sistema Duplo Contabilístico, proceda ao registo contabilístico na conta 921 – Gastos Indiretos de Produção.

Exercício 19 **Coelho & Cartola 2**

Considerando os dados apresentados no exercício n.º 8 e que a empresa utiliza o Sistema Duplo Contabilístico, apresente os registos contabilísticos respeitantes à reclassificação de gastos/rendimentos.

Exercício 20 **Coelho & Cartola 3**

Considerando os dados apresentados no exercício n.º 8 e que a empresa utiliza o Sistema Monista, apresente os registos contabilísticos respeitantes à reclassificação de gastos/rendimentos.

Exercício 21 **Rosana 2**

Proceda aos registos contabilísticos, em Sistema Duplo Contabilístico, dos elementos referentes ao exercício n.º 9.

Exercício 22 **Horta & Costa 2**

Proceda aos registos contabilísticos, em Sistema Duplo Contabilístico, dos elementos referentes ao exercício n.º 10.

Exercício 23 **Produto M 2**

Tomando em consideração os dados do exercício n.º 11,

1. Proceda à sua contabilização, utilizando o Sistema Duplo Contabilístico;
2. Elabore o balancete da contabilidade de gestão do período.

CAPÍTULO II
–
MENSURAÇÃO DE INVENTÁRIOS E CUSTO DE PRODUÇÃO

2.1. Mensuração de Inventários Comprados e Consumidos

Exercício 24 **Gama e Gonçalves, Lda.**

Considera a empresa Gama e Gonçalves, Lda., que fabrica o produto Alfa, no qual são incorporadas as matérias-primas A e B, importadas do México.

No mês de janeiro/N foram registados os seguintes elementos respeitantes a matérias-primas:

	Inventários Iniciais		**Compras (Fatura do Fornecedor)**		**Inventários Finais**
	Kg	Valor Total	Kg	Preço unit.	Kg
MP A	45 000	56 250 €	150 000	1,00m €	40 000
MP B	5 000	3 000 €	50 000	0,50 €	10 000

Despesas de Transporte* = 16 000 €

Despesas de Desalfandegamento* = 10 000 €

* Estes dois últimos valores dizem respeito às duas matérias primas.

Pedido:

Calcule o custo da Matéria Prima A consumida, assumindo que a empresa utiliza o FIFO e que reparte as despesas externas de compra pelas matérias-primas compradas, em função da respetiva quantidade.

Exercício 25 **Empresa Luxor**

Considera a empresa Luxor, que fabrica o produto X, o qual incorpora as matérias-primas X e Y.

No mês de janeiro/N foram registados os seguintes elementos:

- Inventários Iniciais de MP: X = 125.000 Kg (181.250€); Y = 50.000Kg (200.000€);
- Compras de MP: X = 150.000 Kg (2€/kg); Y = 50.000 Kg (4€/kg);
- Despesas de transporte de matérias-primas = 30.000€ (comuns às duas matérias);
- Inventários finais de MP: X = 125.000 Kg; Y = 40.000 Kg.

Pedido:

Calcule o valor dos inventários finais da matéria-prima X, assumindo que a empresa utiliza o FIFO e que reparte as despesas externas de compra pelas matérias-primas compradas, em função do respetivo valor de compra.

Exercício 26 **Empresa Coimbra**

Considere a empresa Coimbra, que fabrica o produto Alfa, no qual consome duas matérias primas (MP A e MP B). No mês de janeiro/N foram registados os seguintes elementos:

	Inventários Iniciais		Compras (Fatura do Fornecedor)		Inventários Finais
	Kg	Valor Total	Kg	Preço unit.	Kg
MP A	45 000	54 750 €	150 000	1,00m €	40 000
MP B	5 000	20500 €	50 000	0,50 €	10 000

Gastos Internos de Aprovisionamento = 25.000€ (valor comum às duas matérias primas).

Pedido:

Calcule o custo da matéria-prima A consumida, assumindo que a empresa utiliza o Custo Médio Ponderado e que reparte os gastos internos de aprovisionamento pelas matérias primas consumidas, em função da respetiva quantidade.

Exercício 27 **Bolachinhas**

A Bolachinhas, SA, dedica-se à produção e comercialização de bolachas. No seu processo de fabrico as matérias-primas (farinha, açúcar, banha, etc.) são introduzidas nas amassadeiras onde se prepara a massa.

Da contabilidade do mês de julho do ano N, recolheram-se os seguintes elementos relativos a matérias-primas e embalagens:

Inventário Inicial

Farinha: 250 tons a 460 €/Ton.
Banha: 100 tons a 750 €/Ton.
Açúcar: 20 tons a 474 €/Ton.
Caixas de cartão: 100 000 unidades a 0,19 €/unidade
Diversos: 6.000 €

Compras

Farinha: 500 tons por 237 500 €
Açúcar: 100 tons por 47 160€
Caixas de cartão: 400 000 unidades por 80 000 €
Diversos: 15.000 €

Consumos

Farinha: 450 tons
Açúcar: 95 tons
Banha: 80 tons
Caixas de cartão: 350 000 unidades
Diversos: 9 610 €

Pedidos:

1. De acordo com o Custo Médio Ponderado, calcule:
   a) O custo das matérias-primas (farinha, açúcar e banha) e embalagens consumidas;
   b) Valorize os respetivos inventários finais.
2. De acordo com o FIFO, calcule:
   a) O custo das matérias-primas (farinha, açúcar e banha) e embalagens consumidas;
   b) Valorize os respetivos inventários finais.

Exercício 28 **Gama**

Considere a empresa Gama, Lda. que fabrica o produto X, no qual consome as matérias-primas A (2 Kg por unidade produzida) e B (3 Kg por unidade produzida).

Relativamente ao mês de novembro do ano N, são conhecidos os seguintes elementos:

	Quantidade Produzida	**Quantidade Vendida**
Produto X	10 000 Un.	7 500 Un.

	MP A	**MP B**
Compras	80 000 Kg	120 000 Kg
Preço de compra	3,15 €/Kg	1,40 €/Kg

A empresa registou, em novembro, despesas de transporte das matérias-primas A e B no valor de 4000 €, as quais são repartidas pelas duas matérias-primas de acordo com as respetivas quantidades compradas.

Os gastos do armazém de matérias-primas foram de 6 000 €, em novembro, e são repartidas pelas duas matérias, à entrada em armazém, de acordo com o valor das compras.

Os inventários iniciais de matérias-primas eram nulos.

A empresa adota o Custo Médio Ponderado como critério de valorização de saída de inventários.

Pedido:

Calcule o custo unitário de cada uma das matérias-primas consumidas (por Kg).

Exercício 29 **LEVE**

A empresa LEVE produz vários tipos de cerveja através de um processo artesanal. Para um dado período N conhecem-se as seguintes informações relativas às compras de matérias-primas utilizadas na produção.

Matérias Primas	**Compras (quantidades)**	**Preços de Tabela dos Fornecedores**	**Descontos comerciais**
Malte	100 embalagens de 25 kg/cada	23,37 € com IVA por embalagem de 25 kg	5%
Lúpulo	10 embalagens de 1 kg/cada	46,74 € com IVA por embalagem de 1 kg.	5%
Água	25000 litros	0,08 € por litro (sem IVA)	-

Matérias Primas	Compras (quantidades)	Preços de Tabela dos Fornecedores	Descontos comerciais
Leveduras	10 embalagens de 3 kg/cada	19,68 € com IVA por embalagem de 3 kg	-
Gritz (milho moído após extração das gorduras)	100 embalagens de 25 kg/cada	22,14 € com IVA por embalagem de 25 kg	10%

Nota: IVA a 23% para todas as matérias-primas

A empresa registou um conjunto de gastos externos com as compras no valor total de 1 973 €. Não conhecendo o montante despendido com cada uma das matérias, a empresa optou por repartir estes gastos pelas matérias-primas compradas (à exceção da MP água), utilizando um coeficiente de imputação baseado nos respetivos valores comprados.

Pedido:

1. Calcule o valor do coeficiente de imputação.
2. Determine o custo total e unitário de cada uma das matérias-primas compradas.

Exercício 30 **AB**

Considere uma empresa AB que produz dois produtos, A e B, a partir de duas matérias-primas, M1 e M2. Para produzir uma unidade de A necessita de duas unidades de M1 e uma unidade de M2 e para produzir uma unidade de B necessita de duas unidades de M1 e duas unidades de M2.

Durante o mês de setembro realizaram-se as seguintes operações:

- produziram-se 20 000 unidades de A e 25 000 unidades de B;
- compraram-se ao fornecedor F 120 000 unidades de M1 e 80 000 unidades de M2, a 5 €/unidade e 2,5 €/unidade, respetivamente (sem IVA).
- recebeu-se a fatura do transportador T, relativa ao transporte e seguro desde a fábrica do fornecedor F até ao nosso armazém de matérias-primas (M1 e M2) no valor global de 2 000€ (sem IVA);
- registaram-se 2 800 € de gastos/custos relativos ao Departamento Aprovisionamento e Compras de Matérias.

Os inventários de matérias-primas no início do mês de setembro eram:

	M1	M2
Quantidade	20 000	50 000
C. Unitário	4,95 €	2,25 €
Valor	99 000 €	112 500 €

As despesas externas de compra são imputadas em função da quantidade comprada e as despesas internas de compras são imputadas 50% às quantidades compradas e 50% às quantidades consumidas.

A empresa utiliza o Custo Médio Ponderado para valorizar as saídas de inventários.

Pedidos:

1. Calcule o custo total e unitário das compras de M1 e M2.
2. Calcule o custo total das matérias-primas consumidas na produção de cada um dos produtos (considere o custo médio ponderado arredondado a 3 casas decimais).

Exercício 31 **Soares**

A empresa Soares – fabrico de mobiliário, centra a sua atividade no fabrico de mobiliário, especializando-se em equipamentos destinados a escritórios: secretárias, ilhas de trabalho, mesas de reunião. Para o período N conhecem-se as seguintes informações relativas aos materiais utilizados nos seus produtos:

Inventários e compras:

Materiais	**Inventários iniciais**		**Inventários finais**	**Compras**	
	Quant.	**Custo unitário**		**Quantidade**	**Preço de compra (sem IVA)**
Madeiras					
Madeira carvalho	60 m^2	59 €/m^2	10 m^2	100 m^2	45,60 €/m^2
Madeira cedro	54 m^2	29 €/m^2	14 m^2	100 m^2	19,20 €/m^2
Madeira mogno	50 m^2	45 €/m^2	30 m^2	100 m^2	36,00 €/m^2

Materiais	Inventários iniciais		Inventários finais	Compras	
	Quant.	Custo unitário		Quantidade	Preço de compra (sem IVA)
Colas	40 litros	20 €/litro		0	0
Tintas:					
Tipo I	120 litros	10 € /litro	0 litros	30 litros	12,00 €/litro
Tipo II	70 litros	12 €/litro	0 litros	30 litros	8,00 €/litro
Vernizes:					
Tipo I	9 litros	13 €/litro	0 litros	50 litros	12,00 €/litro
Tipo II	40 litros	15 €/litro	0 litros	50 litros	14,40 €/litro

- Para além dos elementos mencionados no quadro não existem outros gastos relacionados com as compras. Os gastos internos e externos de compras registados foram de 3 000 € e são imputados aos materiais em função do valor das compras.
- A empresa utiliza o critério FIFO para valorização das saídas de armazém.

Pedidos:

1. Determine o custo de cada um dos materiais comprados no período em causa.
2. Determine o custo total das madeiras consumidas.
3. Determine o valor dos inventários finais de materiais.

Exercício 32 **CBike**

A empresa CBike, Lda. é uma pequena empresa que se dedica à montagem de bicicletas BMX -BEST a partir de vários componentes. Alguns dos componentes são importados de Taiwan e outros comprados no mercado nacional.

A empresa funciona em dois espaços arrendados, um onde faz a montagem das bicicletas (espaço A) e outro onde armazena os componentes (espaço B). A renda do espaço A é de 2 500 €/mês e a renda do espaço B é de 1 000 €/mês, ambos os valores isentos de IVA. O espaço A dispõe de 250 m^2 e o espaço B dispõe de 100 m^2, de área.

A área do espaço B encontra-se dividida por tipo de componentes, da seguinte forma: 12 m^2 destinados aos quadros XCT, 6 m^2 aos guiadores XTX e 22 m^2 às rodas XN18.

Um dos trabalhadores da montagem, Abel Santos, é também responsável pela gestão e movimentação dos inventários de componentes, calculando-se que em média dedique a esta tarefa 50% do seu tempo de trabalho efetivo.

Relativamente ao mês de setembro, conhecem-se os seguintes elementos:

- Produção: 220 bicicletas BMX-BEST, que integram as seguintes componentes: um Quadro XCT, um Guiador XTX e duas Rodas XN18.
- Inventários iniciais destes componentes:

Componentes	**Quantidade**	**C. Unitário**	**Total**
Quadros XCT	180	125,00 €	22 500 €
Guiadores XTX	180	20,50 €	3 690 €
Rodas XN18	300	10,50 €	3 150 €

- Encomenda X-27, no dia 5 de setembro, ao fornecedor Xilin:

Componentes	**Quantidade**	**C. Unitário**	**Total**
Quadros XCT	150	120,00 €	18 000 €
Guiadores XTX	150	20,00 €	3 000 €
Rodas XN18	300	10,00 €	3 000 €

- Receção da encomenda X-27, no dia 15 de setembro, via DHL, acompanhada da fatura do transportador, a seguir discriminada:
  - ➢ Custo do transporte e seguro: 600 €
  - ➢ Gastos de armazenagem e de apresentação à alfândega: 225 €
  - ➢ Direitos aduaneiros (taxas dos direitos aplicáveis a Países Terceiros): 775 €
  - ➢ IVA: 23%, sobre o valor dos componentes e outras despesas de compra: 5 888 €.
- Fatura de energia elétrica do espaço B, relativa ao mês de setembro: 50 € + IVA (11,01€).
- Processado o salário do trabalhador Abel Santos, obtiveram-se os seguintes valores:

Valor ilíquido do salário (inclui duodécimos de Subsidio Férias e Natal	850 €
IRS retido e contribuição retida para a Segurança Social	150 €
Valor Líquido	700 €

- A empresa reparte as despesas externas de compra em função do valor das componentes compradas.
- A empresa distribui as despesas internas de aprovisionamento pelos diversos tipos de componentes consumidos, em função da área reservada para armazenagem de cada um deles, no espaço B.
- A empresa utiliza o FIFO para valorizar as saídas de inventários.

Pedidos:

1. Calcule o valor das compras, total e unitário, de cada tipo de componente entrado em armazém em setembro.
2. Calcule o custo total de cada um dos tipos de componentes consumidos em setembro.

Exercício 33 **Aluminius**

A Aluminius, SA **é uma empresa** cuja atividade consiste na execução de obras de caixilharia de alumínio na área da Construção Civil. Relativamente aos perfis de alumínio, materiais utilizados na sua atividade, a empresa trabalha com diversos tipos de perfis: Branco, Cinza e Verde, tendo-se obtido no ano N os seguintes elementos relativos a inventários, compras e consumos:

	Branco		**Cinza**		**Verde**	
	Qt. (metros)	Valor	Qt. (metros)	Valor	Qt. (metros)	Valor
Inventário Inicial	760	950 €	600	930 €	300	525 €
Compras	12 000	16 200 €	10 000	14 500 €	5 000	9 250 €
Consumo	11 000	?	10 500	?	4 000	?
Inventário Final	?	?	?	?	?	?

A empresa suportou no ano N gastos externos com compras no valor de 2 700 € e gastos de armazenagem no valor de 1 990,65 €.

A empresa reparte os gastos externos de compra pelos três materiais comprados, em função das respetivas quantidades e reparte os gastos de armazenagem pelos materiais consumidos, em função do respetivo valor.

A empresa utiliza o FIFO como critério de mensuração de saída de inventários.

Pedidos:

1. Apure o custo total de cada um dos materiais consumidos no ano N.
2. Determine o valor dos inventários finais de cada um dos materiais.

Exercício 34 **Móveis Rodrigues**

Relativamente ao 1.º trimestre do ano N, sabe-se que a empresa Móveis Rodrigues, Lda. suportou 8 664 € de despesas com o transporte das matérias-primas compradas (despesas externas de compra) e 4 375 € de gastos de funcionamento do armazém de matérias-primas (despesas internas de aprovisionamento). A empresa reparte as despesas externas pelas mercadorias em função do valor das compras e as despesas internas em função das quantidades consumidas. Os dados respeitantes a inventários, compras e consumos do trimestre são os que se seguem:

	Pinho		**Bétula**		**Carvalho Francês**	
	Qt. (m^2)	Valor	Qt. (m^2)	Valor	Qt. (m^2)	Valor
Inventários Iniciais	1 000	6 050 €	800	4 120 €	3 000	16 116 €
Compras	10 000	55 000 €	8 000	48 000 €	9 000	41 400 €
Consumo	8 000	?	7 500	?	2 000	?

Pedidos:

1. Apure o custo total de cada uma das matérias-primas consumidas no 1.º trimestre, de acordo com o Custo Médio Ponderado.
2. Apure o valor dos inventários finais de matérias-primas, de acordo com o Custo Médio Ponderado.
3. Apure o custo total de cada uma das matérias-primas consumidas no 1.º trimestre, de acordo com o FIFO.
4. Apure o valor dos inventários finais de matérias-primas, de acordo com o FIFO.

Exercício 35 **Genoveva**

A empresa Genoveva, Lda. dedica-se à produção e comercialização dos produtos PA e PB, nos quais consome as matérias-primas M1, M2 e M3

Os elementos retirados da contabilidade relativamente às matérias-primas foram os seguintes, para o mês de julho do ano N:

	M1	M2	M3
Inv. Inicial	100 unid a 15,60 €/cada	250 Kg a 11,05 €/Kg	200 m^2 a 50,06 €/m^2
Compras	2 500 unidades a 20 € / cada A empresa negociou um desconto comercial de 5% e um desconto de pronto pagamento de 1,5%. A empresa teve que suportar despesas de transporte de 0,50 €/unidade	35 000 Kg a 12 €/Kg A empresa obteve um desconto de rappel de 10%. A empresa teve que suportar despesas de transporte num montante total de 8 750 €.	4 500 m^2 a 51 €/m^2
Inv. Final	600 unid	100 Kg	150 m^2

Pedidos:

Calcule o custo de cada uma das matérias consumidas e valorize os inventários finais dessas matérias:

1. Se a empresa utilizar o critério do FIFO para valorizar os seus inventários.
2. Se a empresa utilizar o Custo Médio Ponderado para valorizar os seus inventários.

Exercício 36 **JJR**

A JJR é uma empresa familiar – Frutas do Oeste – que produz conservas de fruta, com base em dois produtos locais: peras e maçãs. Depois de uma análise de mercado do seu negócio está a equacionar o lançamento de uma nova gama de produtos que explora outras possibilidades na utilização das matérias-primas principais. Está em análise o desenvolvimento de uma gama de fruta desidratada e compotas de fruta com baixo teor de açúcar e introdução de especiarias para obtenção de novos sabores, sem conservantes.

Foram já desenvolvidos e testados vários produtos, estando numa fase de apuramento dos custos para uma tomada de decisão final quanto aos produtos selecionados como potenciais novos produtos. Conhecem-se os seguintes elementos em relação a esses novos produtos:

	Compotas de fruta	**Fruta desidratada**
Apresentação final	Produtos apresentados numa embalagem de vidro de 250 gr	Produtos apresentados numa embalagem de cartão de 250 gr
Conteúdo	Compota de maçã com gengibre ou canela	Maçã desidratada
	Compota de pera com gengibre ou canela	Pera desidratada

- Previsão da produção mensal

Compotas de fruta	**Quantidade**	**Fruta desidratada**	**Quantidade**
Compota de maçã	25 000 embalagens (50% com gengibre e 50% com canela)	Maçã desidratada	15 000 embalagens
Compota de pera	25 000 embalagens (50% com gengibre e 50% com canela)	Pera desidratada	15 000 embalagens

- Matérias primas a consumir, por kg de produto produzido, e respetivos custos unitários

Matérias primas	**Compota de maçã**	**Maça desidratada**	**Compota de pera**	**Pera desidratada**	**Custos unitários**
Maçã	0,8 kg	4 kg	---	---	0,20 € / kg
Pera	---	---	0,9 kg	4 kg	0,22 € / kg
Açúcar	0,2 kg	---	0,2 kg	---	0,45 € / kg
Gengibre	20 gr	---	20 gr	---	20,00 € / kg
Canela	10 gr	---	10 gr	---	19,00 € / kg

- Uma consulta aos fornecedores de embalagens permitiu estimar, como custos unitários, 0,025€/unid. para as embalagens de vidro e 0,015€/unid. para as embalagens de cartão.

Pedido:

Com base nas informações anteriores, determine os custos totais das matérias-primas e das embalagens a consumir para a produção mensal prevista de cada um dos novos produtos.

Exercício 37 **CaixasTopo**

A empresa de transformação de cartão CaixasTopo produz caixas desdobráveis em cartão liso (caixas tipo A) e em cartão ondulado (caixas tipo B) de diversos tamanhos.

A empresa utiliza o Sistema de Inventário Permanente e o critério do Custo Médio Ponderado para valorizar as saídas de inventários.

O cartão é a única matéria-prima consumida e não existe perda de pesa no processo produtivo.

Considere ainda que a empresa trabalha exclusivamente para encomendas firmadas e como tal faz o seu planeamento da produção para não ter inventários de produtos acabados nem de produtos em vias de fabrico.

Através da consulta aos documentos e contas da contabilidade financeira relativos ao mês de março obtivemos os dados constantes do seguinte quadro:

Rubricas	Quantidade (kg)	Custo unitário (€)	Valor (€)
Inventário inicial de cartão liso	11 000	0,81	8 910
Compras de cartão liso	33 000	0,85	28 050
Inventário inicial de cartão ondulado	5 000	1	5 000
Compras de cartão ondulado	25 000	1,1	27 500
Consumo de cartão liso	36 000	?	?
Consumo de cartão ondulado	?	?	?
Inventário final de cartão liso	?	?	?
Inventário final de cartão ondulado	5 000	?	?

A empresa reparte os gastos de transporte pelas quantidades comprados de matérias-primas e quantidades vendidas de produtos acabados. Os gastos de transporte do mês, conforme consulta à conta 6253, foram de 2 380 €.

A empresa reparte os gastos internos de aprovisionamento pelas matérias-primas consumidas, de acordo com o respetivo valor (antes desta distribuição). No mês de março estes gastos totalizaram 1 165,60 €.

Pedidos:

1. Determine o custo total de cada uma das matérias-primas consumidas em março.
2. Valorize os inventários de cada uma das matérias-primas, a 31/março.

Exercício 38 **Alfa**

A Empresa Alfa, Lda. fabrica tortas de chocolate e de morango para vender a grandes superfícies comerciais.

Ingredientes para um kg de torta:

	Chocolate	**Morango**
Chocolate amargo	300 g	
Morangos		250 g
Açúcar	300 g	250 g
Ovos integrais pasteurizados	500 g	400 g
Farinha com levedura	350 g	250 g

Os morangos e os ovos são armazenados numa câmara frigorífica própria cujo custo mensal está calculado em 1 408 €.

Os custos médios de compra das matérias-primas são os seguintes: chocolate amargo 2,8 €/Kg; morangos 3,5 €/Kg; açúcar 0,50 €/Kg; ovos 2,5 €/kg e farinha com levedura 0,35 €/Kg.

A produção do mês de setembro foi de 10 560 kg, sendo que cada torta produzida pesa 400 g. Dois terços das tortas produzidas foram de chocolate.

Os custos de armazenagem são imputados aos ovos e aos morangos consumidos, em função das respetivas quantidades.

Os inventários iniciais de matérias-primas eram nulos.

Pedidos:

Para o mês de setembro:

1. Calcule as quantidades consumidas de cada matéria-prima.
2. Calcule o custo unitários de cada matéria-prima consumida.
3. Calcule o custo unitário por Kg, em matérias-primas, de cada tipo de torta.

Exercício 39 **Plastid**

A empresa Plastid dedica-se à fabricação de artigos de embalagem, utilizando como matérias-primas principais resinas plásticas: o polietileno, o poliestireno e o PVC. Em determinado período conhecem-se as seguintes informações sobre compras, consumo e inventários destas matérias-primas:

Matérias Primas	**Compras**		**Desconto comercial**	**Inventário Inicial**		**Consumo na Produção**
	Quantidade	Preço unit. (*)		Quantidade	Valor	
Polietileno	5 000 Kg	10 €	5%	500 Kg	5 750 €	5 200 Kg
Poliestireno	4 000 Kg	8 €	3%	400 Kg	4 960 €	4 300 Kg
PVC	1 000 Kg	5 €	--	100 Kg	700 €	950 Kg

(*) Preço antes de descontos comerciais e IVA

Uma vez que todas estas matérias-primas são importadas, a empresa suportou 2 000 € com gastos de transporte, 800 € com seguro e 700 € com gastos alfandegários. Com o armazém de materiais, a empresa suportou no período uma renda de 4 688,75 €.

A Plastid faz a imputação dos gastos externos com compras em função das quantidades compradas, e a imputação dos gastos de armazenagem em função do valor do consumo.

A empresa utiliza o Custo Médio Ponderado como critério de mensuração das saídas de inventários.

Pedidos:

Determine, para este período:

1. O custo total de cada uma das matérias-primas compradas;
2. O custo total de cada uma das matérias-primas consumidas;
3. O valor total dos inventários finais de matérias-primas.

Exercício 40 **LUCAS**

Considere a empresa LUCAS que se dedica à produção de dois produtos V e W para os quais são necessárias as matérias-primas (MP): A, B, C e D. As duas primeiras matérias são importadas a um mesmo fornecedor e as restantes adquiridas a fornecedores locais. São conhecidos para um dado período os seguintes elementos:

- Compras

<table>
<tr><th>Matérias primas</th><th>Preço de compra*</th><th>Quantidade comprada (unid.)</th><th>IVA</th><th>Desconto comercial</th><th>Despesas alfandegárias</th><th>Gastos de transporte</th></tr>
<tr><td>A</td><td>20 €/unid.</td><td>30 000</td><td rowspan="4">23%</td><td>10%</td><td rowspan="2">1 000 €</td><td rowspan="2">1 100 €</td></tr>
<tr><td>B</td><td>22 €/unid.</td><td>40 000</td><td>10%</td></tr>
<tr><td>C</td><td>18 €/unid.</td><td>25 000</td><td>5%</td><td>0 €</td><td>300 €</td></tr>
<tr><td>D</td><td>15 €/unid.</td><td>27 500</td><td>5%</td><td>0 €</td><td>375 €</td></tr>
</table>

* antes de IVA e descontos

O IVA é dedutível. As despesas alfandegárias e os gastos com transportes, quando comuns às matérias, são imputadas às compras de acordo com as quantidades compradas.

- Gastos internos de aprovisionamento

Gastos	Valor
Salários (incluindo encargos) dos trabalhadores do armazém de MP	5 000 €
Depreciações do armazém	2 854 €
Depreciações dos equipamentos de movimentação e arrumação das MP	5 000 €
Energia e combustíveis	450 €
Outros custos (rendas, seguros, etc.)	2 166 €

A empresa opta por imputar os gastos internos de aprovisionamentos às quantidades de matérias consumidas.

- Inventários iniciais e finais de matérias-primas

	Inventários iniciais		**Inventários finais**
Matérias primas	Quantidades (unid.)	Custo unitário	Quantidades (unid.)
A	15 000	23,34 €	8 000
B	16 000	22,00 €	7 000

	Inventários iniciais		Inventários finais
C	15 000	19,48 €	5 300
D	10 000	18,90 €	3 500

A empresa utiliza o Custo Médio Ponderado como critério para valorizar as saídas de inventários

Pedido:

1. Calcule o custo, total e unitário, para cada uma das matérias consumidas no período em análise;
2. Determine o valor total dos inventários finais de matérias.

Exercício 41 **RCT**

A RCT, Lda. é uma pequena empresa especializada em Restauros, Carpintaria tradicional e trabalhos por medida. Anexo à unidade fabril a empresa tem um armazém onde guarda as matérias-primas, diversos materiais de consumo e ainda as encomendas concluídas que esperam pelo levantamento dos clientes.

A empresa tem uma viatura que utiliza para o transporte de matérias-primas e para entregar as encomendas aos clientes. Sempre que é necessário fazer um transporte um trabalhador da carpintaria é chamado para ir efetuar o serviço. A dificuldade em calcular atempadamente os custos de transporte levou o contabilista a optar por uma taxa teórica de imputação das despesas de transporte com base nas horas efetivas do serviço. No segundo semestre do ano N esta taxa é de 20 € por hora de transporte.

No fim de cada semestre são calculadas todas as diferenças de imputação, de custos de transporte, de MOD e de GIP, optando o contabilista por levar todas estas diferenças à conta de custo de produção das encomendas faturadas aos clientes. Sempre que se verificam diferenças de imputação significativas o contabilista, após análise da origem das diferenças, procede ao ajustamento das taxas teóricas.

Relativamente a inventários, compras e estimativas de gastos de armazenagem para o mês de dezembro do ano N, foi possível aceder à seguinte informação:

- Inventários:

	01/12/N		30/12/N	
	Quantidade	Valor	Quantidade	Valor
Madeira	30 m^3	17 500 €	32	?
Cola	10 litros	60 €	5	?
Tintas e vernizes	50 litros	680 €	40	?

- Compras:

  Madeira: 4 m^3 a 530 € cada m^3;

  Tintas: 20 litros a 12,5 € cada litro;

  A aquisição de madeiras foi efetuada por 2 vezes num total de 5 horas de transporte e a compra das tintas originou um custo de transporte correspondente a 2 horas e meia.
- Os gastos com o armazém são de 1 400 € por mês.
- A empresa reparte os custos internos de armazenagem pelo consumo das várias matérias-primas e custo de produção das encomendas que não foram entregues de imediato aos clientes, de acordo com a área ocupada. A armazenagem de matérias-primas ocupa 80% da área do armazém, sendo 10% afeta ao conjunto das tintas e colas, sendo que estes custos são repartidos por estas duas matérias de acordo com as quantidades consumidas.
- A empresa utiliza o critério valorimétrico do Custo Médio Ponderado para valorizar a saída de materiais dos respetivos armazéns.

Pedidos:

1. Determine o custo total de cada uma das matérias-primas consumidas.
2. Determine o valor dos inventários finais de matérias-primas no mês de dezembro.
3. Sabendo que os gastos de transporte reais de dezembro foram de 180 € determine e classifique eventuais diferenças de imputação destes gastos em dezembro.

Exercício 42 **Boéma Coimbra**

Boéma Coimbra é uma sociedade por quotas que produz e vende cerveja da marca Boé.

A fabricação deste produto envolve três processos básicos: Produção de mosto, Fervura e Fermentação.

No primeiro processo, obtém-se o mosto, a partir do malte que é moído e misturado com água quente.

De seguida, o mosto passa para a Fervura, ao qual se adiciona o lúpulo, com a finalidade de lhe conferir o sabor amargo e o aroma desejado.

Após o processo de Fervura, o mosto é clarificado e refrigerado, passando de seguida à fase de Fermentação, no início da qual se adiciona a levedura. Este processo de fermentação pode durar até 10 dias.

Concluídos estes três processos passa-se à etapa final, onde a cerveja Boé, obtida da fermentação, é engarrafada, em garrafas de vidro com capacidade para 0,75 litros. O enchimento é subcontratado a uma empresa externa e custa à Boéma Coimbra 0,75 € por garrafa (incluindo gastos de transporte da cerveja de e para o fornecedor do serviço de embalagem).

Cada garrafa é depois vendida a 3 €.

Dados da ficha técnica do produto para produzir um litro de cerveja:

Componentes	**Quantidades**
Malte	0,2 Kg
Lúpulo	0,002 Kg
Levedura	0,001 litros
Água	0,5 litros

Dados do mês de outubro:

- Produção de cerveja: 1 000 000 garrafas
- Inventários iniciais:

	Quantidade	**Valor**
Malte	28 000 Kg	5 502 €
Levedura	120 litros	2 400 €
Cerveja Engarrafada	112 500 garrafas	225 000 €

- Compras registadas durante o mês:

	Quantidade	**Custo unitário**
Malte	158 000 Kg	0,15 €
Lúpulo	2 500 kg	3 €/Kg
Levedura	1 200 litros	25 €/litro
Água	?	0,002 €/litro

No final do mês a transportadora TransCom, Lda., que faz o transporte do lupo e da levedura enviou a fatura n.º 3547, no valor total de 553,50 € (valor com IVA), relativo ao transporte conjunto destas matérias compradas em outubro.

A repartição dos gastos de transporte das matérias é efetuada de acordo com o valor das compras debitado pelos fornecedores das matérias.

A empresa usa o FIFO como critério valorimétrico de saída de inventários.

Pedidos:

1. Determine as quantidades consumidas de cada matéria-prima no mês de outubro
2. Calcule o custo total de cada matéria-prima consumida no mês.

2.2. Mão-de-Obra Direta

Exercício 43 **Empresa Softskills**

Considere os seguintes elementos referentes à empresa Softskills e ao período N:

- Esta empresa considera normal a ocorrência de 10% de tempos mortos da MOD;
- Total de gastos reais com a MOD, no período N = 11.992,50€;
- Tempo de presença real, no período N = 2.500 horas;
- Tempo de trabalho efetivo real, no período N = 2.100 horas.

Pedido:

Calcule o valor da taxa horária da mão-de-obra direta (MOD) da empresa Softskills, no período N.

Exercício 44 **Caixilhos do Centro**

A Caixilhos do Centro, Lda. é uma empresa cuja atividade consiste na execução de obras de caixilharia de alumínio na área da construção civil.

Relativamente aos custos com a MOD, a empresa utiliza uma taxa horária média, tendo sido efetuadas as seguintes previsões para o ano N:

- 5 Operários com vencimentos mensais ilíquidos de 950 €, 800 €, 700 €, 600 € e 600 €;
- Taxa de encargos patronais para a Segurança Social: 23,75%;
- Taxa de Seguro de Acidentes de Trabalho e Doenças Profissionais: 5%;
- Outros encargos anuais globais (Segurança e Higiene no Trabalho, etc.) 2 081,75 €
- Subsídio de Refeição, em cartão: 5 €/dia/trabalhador;
- Feriados do ano (não coincidentes com fins de semana): 12 dias;
- Férias: 22 dias úteis;
- Horário de trabalho: 40 horas semanais em 5 dias/semana;
- Taxa média normal de tempos mortos: 10 %

Pedido:

Calcule a taxa horária média da Mão de Obra Direta.

Exercício 45 **NavalFoz**

A NavalFoz, SA é uma empresa que se dedica à construção naval, estando atualmente especializada na fabricação de embarcações de média dimensão (até 20 metros) para a pesca em alto mar.

Relativamente aos custos com a Mão de Obra Direta (MOD), a empresa utiliza, separadamente, uma taxa horária média para os operários não especializados (20 elementos) e uma taxa horária específica para o carpinteiro.

Relativamente aos 20 operários não especializados, a taxa horária média foi, no ano N, de 8,20€/Hh.

Neste mesmo ano foram recolhidos os seguintes elementos

- Taxa de encargos patronais para a Segurança Social: 23,75%;
- Taxa de Seguro de Acidentes de Trabalho e Doenças Profissionais: 8,25%;

- Subsídio de Refeição: 4,5 € / dia/Trabalhador;
- Encargos anuais com formação: 580 €/trabalhador
- Outros encargos anuais: 992,48 €/trabalhador
- Feriados do ano (não coincidentes com fins de semana): 12;
- Faltas justificadas: 3;
- Férias: 22 dias úteis;
- Horário de trabalho: 40 horas semanais em 5 dias/semana;
- Taxa média normal de tempos mortos: 10%.

Relativamente ao carpinteiro, sabe-se que este auferiu um ordenado mensal ilíquido de 1 200 €, e, para além do seu horário normal, trabalhou 150 horas suplementares que custaram à empresa 3000 €.

Pedido:

1. Calcule a taxa horária do carpinteiro no ano N;
2. Determine o ordenado médio dos operários.
3. Calcule o custo primo das ordens de produção de duas das embarcações cuja construção foi iniciada no ano N, pela Navalfoz, tendo em conta a seguinte informação adicional:

	Embarcação 123/N/C	Embarcação 123/N/D
Custos dos materiais consumidos	569.679 €	735.847 €
Outros custos diretos	152.478 €	850.325 €
Gastos indiretos de produção	324.567 €	231.961 €
Horas de trabalho do pessoal não especializado	10.656 horas	5.457 horas
Horas de trabalho do Carpinteiro (incluídas no horário normal de trabalho)	527 horas	325 horas
Horas de trabalho suplementar do Carpinteiro	90 horas	60 horas

Exercício 46 **Oficina Automóvel**

Apure a taxa horária média de Mão-de-obra, para o ano N, de uma oficina automóvel que tem ao seu serviço 6 mecânicos estagiários com vencimento mensal ilíquido de 1 000 € cada, e 3 mecânicos principais com vencimento mensal ilíquido de 1 800 € cada.

Sabe-se ainda que:

- as taxas de descontos para a Segurança Social são de 11% e 23,75% para os trabalhadores e para a entidade patronal, respetivamente,
- o Seguro de Acidentes de Trabalho e Doenças Profissionais é de 2,25%,
- o subsídio de refeição é de 4 €/dia;
- considera-se normal a existência de tempos mortos na ordem dos 10%.
- Os gastos estimados com medicina do trabalho são de 7 632 € por ano, para o total dos mecânicos.
- No ano N o número de dias de presença dos mecânicos foi, em média, 223.
- O horário de trabalho é de 8 horas por dia.

Exercício 47 **Águas de Coimbra**

A Empresa Águas de Coimbra, Lda. é uma empresa privada que se dedica à execução de obras de saneamento na Região Centro do país. Tem ao seu serviço um gestor, duas administrativas, dois engenheiros, um desenhador, quatro encarregados e 16 operários com distintas especializações.

Relativamente aos gastos com a MOD, a empresa utiliza uma taxa horária média para os operários, tendo-se recolhido, relativamente ao ano N, a seguinte informação:

- Vencimento médio mensal ilíquido: 700 € (14 meses);
- Taxa de encargos patronais para a Segurança Social: 23,75%;
- Taxa da SS por conta do trabalhador: 11%;
- Taxa de Seguro de Acidentes de Trabalho e Doenças Profissionais: 1,25%;
- Subsídio de Refeição: 4,5 € / dia;
- Custos anuais com material de proteção no valor de 19 640 €
- Feriados do ano: 11 dias;
- Férias: 22 dias úteis;
- Faltas justificadas por trabalhador: 3 dias;
- Horário de trabalho: 40 horas semanais em 5 dias/semana;
- Taxa média normal de tempos mortos: 8%.

Pedido:

Calcule a taxa horária média dos operários para o ano N.

Exercício 48 **LOPES**

A empresa LOPES, Lda. é uma pequena empresa que utiliza no apuramento dos custos dos seus produtos uma taxa horária média de MOD. Relativamente ao ano N, os dados relativos aos custos com pessoal são os seguintes:

Área funcional	**N.º trabalhadores**	**Salários mensais médios ilíquidos**	**Horas de trabalho diário**
Produção			
MOD	20	750 €	8
Mão de Obra Indireta	2	880 €	8
Administrativa	3	900 €	8
Comercial	3	900 €	8

Cada funcionário tem direito a 22 dias de férias e faltou em média 3 dias durante o ano. O valor do subsídio de refeição diário é de 5,5 € por trabalhador, pagos em cartão. A empresa fecha ao fim de semana.

A empresa suporta encargos sociais para a Segurança Social e seguro de acidentes de trabalho e doenças profissionais às taxas de 23,75% e 3% respetivamente. A empresa suportou ainda vários encargos facultativos durante o ano no montante de 149,098 € por trabalhador. A taxa normal de tempos mortos é de 6%. Considere ainda que no ano em causa o número de feriados previstos é de 10 e que a empresa paga subsídio de férias e de Natal aos seus trabalhadores, em julho e novembro, respetivamente.

Pedido:

Determine a taxa horária média da MOD relativa ao ano N.

Exercício 49 **Pinturas do Litoral**

No departamento de Pintura da empresa Pinturas do Litoral trabalham 3 pintores de 1.ª classe, com ordenado mensal de 1 500 €/cada e 2 técnicos de pintura, que auferem um ordenado mensal de 1 000 €/cada. O subsídio de refeição diário praticado na empresa é de 4,0 €. Os encargos para a Segurança Social são de 23,75% para a empresa e de 11% para o trabalhador; sendo de 1,5% a taxa para o seguro de acidentes de trabalho. Cada trabalhador recebe ainda senhas de transporte no valor de 50 €/mês durante 11 meses, suportando a empresa outros encargos anuais globais no valor de 838,10 €. É normal no sector haver uma taxa de tempos mortos de 10% e prevê-se a existência de 10 feriados, em dias úteis, no ano N. O horário de trabalho é de 8 horas por dia, 5 dias por semana e cada trabalhador tem direito a 25 dias de férias por ano. Cada trabalhador ainda tem direito a 3 dias de faltas por ano sem perda de vencimento, desde que devidamente justificadas.

Pedido:

Calcule a taxa horária média da Mão de Obra Direta do departamento de Pintura para o ano N.

Exercício 50 **RCT**

Relativamente à empresa RCT, Lda., para a qual tinha sido estabelecida, no final do ano N-1, uma taxa teórica da MOD no valor de 10 €/Hh, conhecem-se os seguintes dados relativos à atividade real dos seus 5 trabalhadores fabris, para o segundo semestre do ano N:

Descrição	
Horas de presença totais dos 5 trabalhadores da carpintaria no segundo semestre	4 000 Horas
Tempos mortos efetivos totais	200 Horas
Tempo de trabalho efetivo despendido no transporte de produtos vendidos, para os clientes	120 Horas

Os custos reais com a MOD no 2.º semestre foram obtidos através da consulta aos movimentos das seguintes contas da contabilidade financeira:

6321 Remunerações do pessoal fabril .... 29 685 €
6351 Encargos sobre as remunerações do pessoal fabril........ 6 545 €
6361 Seguros de acidentes no trabalho do pessoal fabril .... 1 785 €
6381 Outros gastos com o pessoal fabril .... 3 025 €

Pedidos:

1. Calcule os custos com MOD imputados, ao longo do semestre, à atividade de transportes.
2. Determine a taxa real de custos com MOD.
3. Apure a diferença de imputação de custos com MOD.

Exercício 51 **Trabalho Exemplar**

Considere a seguinte informação prevista para o ano N relativa a oficina mecânica Trabalho Exemplar, Lda., que efetua reparações de automóveis e tem ao serviço 20 mecânicos:

Salário médio mensal ilíquido por trabalhador: 1 000 €

Taxa de contribuições da entidade patronal para a Segurança Social (SS): 23,75%

Taxa de Seguro de Acidentes de Trabalho: 2,25%

Gastos anuais globais planeados: Formação Profissional (5 104 €), Higiene e Segurança no Trabalho (8 000 €), alimentação/cartões refeição (5 040 €)

N.º de Feriados previstos para o ano: 12; Dias de Férias por trabalhador/ano: 22;

Faltas previstas por trabalhador/ano (sem perda de remuneração): 3.

Horário de trabalho: 5 dias/semana, 8 horas/dia e Taxa normal de tempos mortos: 10%

Pedidos:

1. Calcule o total de remunerações e encargos previstos com os operários em N
2. Calcule as horas previstas de presença para o total dos operários em N
3. Calcule o tempo efetivo previsto de trabalho em N
4. Calcule o custo de MOD previsto, por hora de trabalho efetivo, em N
5. Considere que todas as previsões se verificaram à exceção:

   - dos ordenados que foram aumentados em 10% em abril de N, com retroativos a janeiro desse mesmo ano;

- dos tempos mortos totais que foram de 15% em vez dos 10% (considerados normais) devido à paragem da oficina, de modo a permitir a reparação do edifício, por parte de uma empresa externa, devido aos danos avultados registados com a passagem de uma tempestade;
- e dos gastos com a formação profissional que ascendeu a 9 539,20 € em vez dos 10 144,00 € previstos.

Considere ainda que, por lapso, não foi considerado na previsão o subsídio de alimentação de 4,5 € por dia e por trabalhador, efetivamente pago durante todo o ano N.

Em face destas alterações:

a) Calcule o custo real de MOD por hora;
b) Proceda à repartição do custo efetivo da MOD pelo valor a afetar às reparações feitas nos automóveis e o valor a considerar em gastos acidentais.

Exercício 52 **Carlux**

Considere a oficina Carlux que tem ao seu serviço 14 eletricistas com vencimento mensal ilíquido de 1 200 € cada. A taxa de contribuição da entidade patronal para a Segurança Social é de 23,75%, o Seguro de Acidentes de Trabalho e Doenças Profissionais é de 2,25%, o subsídio de refeição é de 5 €/dia (pago em cartão) e se considera normal a existência de tempos mortos na ordem dos 8%. Os gastos totais estimados com medicina do trabalho são de 9 066 € por ano, e de formação profissional 15 000 €, também para o total dos eletricistas. No ano N o número de dias de presença dos eletricistas foi, em média, 225. O horário de trabalho é de 8 horas por dia. A atividade dos eletricistas, no ano N, repartiu-se da seguinte forma: Reparações de viaturas de clientes: 15 000 horas; Reparações de viaturas da própria empresa: 2 388 horas.

Pedidos:

1. Apure a taxa horária média de Mão-de-obra, estimada para o ano N.
2. Calcule o custo de MOD dos eletricistas imputado a:
   a) Reparações efetuadas para clientes,
   b) Reparações de viaturas próprias,
   c) Resultados acidentais.

Exercício 53 **Saúda**

A empresa Saúda, que fornece bens/serviços na área da saúde, utiliza uma taxa horária média para imputar os custos com os seus 12 trabalhadores. Relativamente ao ano N, obtiveram-se as seguintes informações:

- Taxa de encargos patronais para a Segurança Social: 23,75%;
- Taxa de Seguro de Acidentes de Trabalho e Doenças Profissionais: 2%;
- Subsídio de Refeição, pago em cartão: 5,5 €/ dia;
- Feriados do ano em dias úteis: 9 dias;
- Férias: 22 dias;
- Horário de trabalho: 8 horas por dia em 5 dias / semana;
- Taxa normal média de tempos mortos: 10%.
- Vencimento bruto mensal por trabalhador 1 500 €;
- Outros custos com MOD: 1 779,60 €

Sabe-se ainda que a taxa de tempos mortos efetiva registada é de 12,5% e que o tempo aplicado na produção de bens/serviços foi de 95%, sendo os restantes 5% usados em trabalhos de manutenção dos equipamentos.

Pedidos:

1. Determine o tempo de trabalho efetivo repartido por tipo de ocupação dos trabalhadores.
2. Calcule a taxa horária normal da MOD.
3. Indique os gastos suportados com os trabalhadores, classificados em:
   - Custos da MOD
   - Custos acidentais, considerados gastos do período
   - Custos de manutenção de equipamentos.

Exercício 54 **Vieira**

Considere os seguintes valores médios respeitantes ao conjunto dos 10 operários (MOD) da empresa Vieira, Lda., para o ano N:

Descrição		
Horas de presença totais dos 10 trabalhadores		16 000 Horas
Tempos mortos normais		3 500 Horas
Tempos mortos efetivos totais		3 680 Horas
Tempo de trabalho efetivo –		
Produção de produtos/serviços	80%	
Realização de entregas a clientes	20%	
Taxa horária de MOD		32 €
Gasto total com os operários		400 000 €

Pedidos:

1. Calcule o valor da taxa horária da MOD.
2. Classifique os gastos suportados pela empresa com os operários (400 000 €), em custos de MOD a incluir no custo dos produtos, custos da MOD a afetar a outras funções (que não a produção) e em custos acidentais.

Exercício 55 **Alumínios do Centro**

A Alumínios do Centro, Lda. é uma empresa cuja atividade consiste na execução de obras de caixilharia de alumínio na área da Construção Civil. Tendo em conta o tipo de atividade, em que cada obra adjudicada tem características diferentes, a empresa adota um sistema de custeio por ordem de produção para apurar o custo de cada obra.
Relativamente aos custos com a MOD, a empresa utiliza uma taxa horária média para imputar os custos com os trabalhadores diretos da produção. Relativamente a estes custos com MOD, obtiveram-se as seguintes previsões para o ano N:

- 5 Operários com vencimentos mensais ilíquidos de 850 €, 800 €, 700 €, 600 € e 600 €, respetivamente;
- Taxa de encargos patronais para a Segurança Social: 23,75%;
- Taxa de Seguro de Acidentes de Trabalho e Doenças Profissionais: 4%;
- Subsídio de Refeição, pago em cartão: € 6/dia/trabalhador;
- Outros encargos globais anuais: 2 156,65 €
- Feriados do ano: 10 dias (fora dos fins de semana);

- Férias: 22 dias úteis;
- Faltas remuneradas: 2 dias, por trabalhador;
- Horário de trabalho: 40 horas semanais em 5 dias / semana;
- Taxa média de tempos mortos normais: 5%

Pretende-se que:

1. Apure a taxa horária média prevista da Mão de Obra Direta
2. Sabendo que as horas de presença reais coincidiram com as previstas, que os tempos mortos reais do ano N foram de 681 horas,
   a) Determine o valor da MOD a imputar a gastos acidentais;
   b) Apresente os registos na conta "922 – Gastos diretos com pessoal da produção (MOD)" indicando as contrapartidas e usando os valores globais do ano.

Exercício 56 **Empresa A**

A empresa A utiliza, no cálculo do custo dos produtos, uma taxa horária teórica da MOD, a qual é obtida a partir dos dados previsionais referentes a cada ano civil. Esta empresa tinha ao seu serviço, no ano N, 10 operários que auferiam salários diferentes entre si.

Conhecem-se as seguintes previsões efetuadas para o ano N:

- Vencimentos médios mensais ilíquidos: 650€ / operário;
- Taxas de encargos para a Segurança Social: 23,75%;
- Taxa de Seguro de Acidentes de Trabalho e Doenças Profissionais: 6%;
- Subsídio de Refeição: 4,00€ / dia / trabalhador;
- Outros encargos: 1.067,50€ / ano;
- Dias de presença: 230 dias / trabalhador
- Horas de trabalho / dia / trabalhador: 8;
- Taxa normal de tempos mortos: 10%.

Pedidos:

1) Calcule a taxa horária média da mão-de-obra direta, da empresa A para o ano N.
2) Determine o valor dos custos de MOD que foram imputados à Encomenda 1, produzida e valorizada em janeiro do ano N, sabendo que, durante este ano,

a empresa produziu outras 127 encomendas. Conhecem-se ainda os seguintes dados reais, obtidos a 31/12/N:

Encomendas fabricadas	Horas reais de MOD
Encomenda 1	1 500 horas
Restantes encomendas	14 500 horas

Os Gastos reais com MOD, no ano N, totalizaram 150.000 €

3) Determine as diferenças de imputação de MOD, verificadas no ano N.
4) Determine o custo total de MOD da Encomenda 1, depois de corrigidas as diferenças de imputação dos gastos com MOD.

2.3. Gastos Indiretos de Produção

Exercício 57 **Real Companhia**

Considere os seguintes elementos referentes à empresa Real Companhia e ao ano N:

Horas de trabalho previstas: 8 500
Gastos Indiretos de Produção previstos: 148 750 €
Horas de trabalho reais: 7 928
Gastos reais indiretos de produção: 146 200 €.

Pedidos:

Pretende-se que:

1. Qual o coeficiente de imputação pré-determinado de Gastos Indiretos de Produção para o ano N, baseado na hora homem?
2. Qual é o montante de Gastos Indiretos de Produção sub ou sobre imputados nesse ano?

Exercício 58 **Qimicando**

Considere os seguintes elementos referentes a uma empresa Qimicando, do ramo químico, no ano N:

Produtos	**Unidades produzidas**	**Unidades vendidas**	**Preço de Venda**	**Horas de MOD**
Produto A	150 000	250 000	2,00 €	200 000
Produto B	350 000	325 000	2,50 €	150 000
Produto C	500 000	400 000	3,00 €	250 000

Sabe-se ainda que o custo da MOD é de 4,50 € por hora e que os Gastos Indiretos de Produção anuais foram de 450 000 € e são imputados aos vários produtos fabricados de acordo com as respetivas horas de MOD.

Pedidos:

1. Calcule o custo de transformação unitário de cada produto fabricado.
2. Qual seria a variação do custo de transformação unitário do produto A, no caso de a empresa passar a adotar o número de unidades produzidas como base da imputação dos GIP?

Exercício 59 **Sousa & Irmãos**

A empresa Sousa & Irmãos fabrica dois produtos, o produto A e o produto B e apresenta as seguintes informações para os dois departamentos onde realizam as operações de fabrico.

	Departamentos	
	Corte	Acabamento
Horas máquina (Hm)	70 000	19 000
Horas de Mão-de-obra Direta (Hh)	30 000	60 000
Custo de Materiais Diretos (€)	195 000 €	282 000 €
Gastos Indiretos de Produção (€)	420 000 €	705 000 €

Os registos da empresa mostram as seguintes informações relativas aos dois produtos para o mesmo período.

	Produtos	
	Produto A	Produto B
Horas máquina do Departamento de Corte (Hm)	35 000	35 000
Horas máquina do Departamento de Acabamento (Hm)	10 000	9 000
Horas de MOD no Departamento de Corte (Hh)	12 000	18 000
Horas de MOD no Departamento de Acabamento (Hh)	30 000	30 000
Custos com a Mão de Obra Direta (€)	420 053	359 947

Pedido:

Sabendo que a empresa utiliza como método de imputação dos Gastos Indiretos de Produção, um coeficiente global cuja base de imputação são as horas de MOD, apure o custo de transformação do Produto A e do Produto B.

Exercício 60 **TCR**

A TCR, Lda. é uma pequena carpintaria que trabalha exclusivamente por encomenda.

A empresa tem uma viatura que utiliza para o transporte de matérias-primas e para entregar as encomendas aos clientes. Sempre que é necessário fazer um transporte um trabalhador da carpintaria é chamado para ir efetuar o serviço. A dificuldade em calcular atempadamente os custos de transporte levou o contabilista a optar por uma taxa teórica de imputação das despesas de transporte com base nas horas efetivas do serviço de transporte.

No fim de cada semestre são calculadas todas as diferenças de imputação, de MOD e de GIP, optando o contabilista por levar todas estas diferenças à conta de custo de produção das encomendas faturadas aos clientes. Sempre que se verificam diferenças de imputação significativas o contabilista, após análise da origem das diferenças, procede ao ajustamento das taxas teóricas.

Para o segundo semestre do ano N conhecem-se os seguintes dados relativos à atividade dos seus 5 trabalhadores fabris:

Descrição	
Horas de presença totais dos 5 trabalhadores da carpintaria no segundo semestre	4 000 Horas
Tempos mortos efetivos totais	200 Horas
Tempo de trabalho efetivo na realização de transportes	120 Horas

A empresa tem vindo a utilizar a quantidade de MOD como base de imputação dos Gastos Indiretos de Produção (GIP). Sabendo que a empresa utilizou no 2.º semestre uma taxa teórica de imputação de GIP de 3,5 € por HH, e que os GIP reais no semestre atingiram 13.248 € pretende-se que determine e classifique eventuais diferenças de imputação de GIP.

Exercício 61 **Home Confort**

A empresa Home Confort, Lda. é uma PME que presta serviços de enfermagem ao domicilio de cuidados geriátricos contínuos e personalizados, para os quais dispõe de uma equipa de enfermeiros especializados na área. Relativamente ao mês de outubro de N conhecem-se os seguintes elementos:

	Serviço Família A	**Serviço Família B**	**Serviço Família C**	**Total**
Medicamentos administrados	120 €	70 €	450 €	640 €
Outros consumíveis	300 €	350 €	250 €	900 €
Custo por hora de MOD	7,50 €	7,50 €	7,50 €	
Horas de MOD	220 Hh	220 Hh	310 Hh	750 Hh
Gastos Indiretos de Produção				2 250 €

Os gastos administrativos ascenderam a 1 800 € e os de publicidade são de 83 €, ambos por mês, sendo distribuídos pelos serviços em função do respetivo custo de produção.

Pedidos:

1. Calcule o custo de produção dos três serviços, repartindo os Gastos Indiretos de Produção pelos três serviços, de acordo com as horas de MOD.

2. Determine o preço a faturar a cada uma das famílias sabendo que a Home Confort quer obter uma margem de 25% sobre o custo complexivo do serviço.

Exercício 62 **Sousa & Andrade**

A empresa Sousa & Andrade, Lda. usa um sistema de custeio por ordem de produção e faz a imputação dos Gastos Indiretos de Produção a cada ordem com base no número de horas máquina. As estimativas que se seguem, foram as utilizadas no cálculo da taxa predeterminada de imputação dos Gastos Indiretos de Produção para o ano que terminou:

Horas máquina previstas	95 000
Gastos indiretos de produção previstos	1 710 000 €

No ano N, a empresa sentiu uma forte recessão que teve impacto nos resultados da empresa e também no substancial crescimento dos inventários da empresa.

Os dados reais do final do ano foram os seguintes:

Horas máquina	75 000
Gastos indiretos de produção	1 687 500 €

Total dos Gastos Indiretos de Produção imputados durante o ano, incluídos em cada uma das seguintes contas:

Produção em curso	405.000 €
Produção Acabada	253 125 €
Custo Produção dos Produtos Vendidos	691.875 €

Pedidos:

1. Calcule a taxa predeterminada de imputação de Gastos Indiretos de Produção para o ano N, e o valor da sub ou sobre imputação de Gastos Indiretos de Produção desse mesmo ano.
2. Calcule o impacto (diferença) no resultado líquido, da empresa, no ano N, consoante a empresa utilize uma ou outra das seguintes metodologias para saldar a conta de gastos indiretos de produção:
   a) saldar a conta por contrapartida da conta de custo de produção dos produtos vendidos;
   b) saldar a conta por contrapartida das contas de produção em curso, produção acabada e custo de produção dos produtos vendidos.

Exercício 63 **Tapeçarias de Almalaguês**

A Tapeçarias de Almalaguês, Lda. é uma empresa industrial que se dedica ao fabrico de lãs e de tapeçarias em lã. A empresa adquire a lã no mercado (em fardos) e, a partir desta matéria, fabrica os fios de lã, que depois de concluídos, passam para o departamento de produção de tapetes. Neste departamento produzem-se tapetes artesanais e tapetes industriais, em quantidades que dependem da procura estimada para cada período. Relativamente ao mês de maio do ano N, conhecem-se os seguintes elementos:

Compras de matérias-primas	233 550,00 €
Outros custos diretos dos tapetes	
tapetes artesanais	49 200,00 €
tapetes industriais	20 625,00 €
Gastos com MOD	
área fabril da produção de lãs	75 000,00 €
área fabril da produção de tapetes	150 000,00 €
Gastos com Mão de Obra Indireta (diretor da fábrica)	26 250,00 €
Gastos com energia elétrica	
edifício administrativo	20 000,00 €
área fabril da produção de lãs	80 000,00 €
área fabril da produção de tapetes	50 000,00 €
Depreciações	
edifício administrativo	15 000,00 €
área fabril da produção de lãs	75 000,00 €
área fabril da produção de tapetes	80 000,00 €
Outros GIP (da fábrica)	120 000,00 €
MP iniciais (Fardos de lã)	35 000,00 €
MP finais (Fardos de lã)	5 000,00 €
Produção de tapetes artesanais (m^2)	10 250
Produção de tapetes industriais (m^2)	27 500
Consumo de lã por m2 de tapetes artesanais	11,0 kg
Consumo de lã por m2 de tapetes artesanais	7,5 kg

Toda a lã produzida foi consumida no ano.

Os Gastos Indiretos de Produção que são comuns à produção de lãs e de tapetes são repartidos por estas duas produções, de acordo com os respetivos encargos com operários (MOD).

O total de Gastos Indiretos de Produção que são comuns à produção de tapetes artesanais e tapetes industriais é repartido por estas duas produções, de acordo com as respetivas quantidades produzidas, em m^2, mediante a utilização de um coeficiente único.

Pedidos:

Pretende-se:

1. Custo de produção total da lã fabricada no ano;
2. Custo de produção dos tapetes artesanais e industriais, por m^2.

Exercício 64 **Cristóvão**

Admitamos que os Gastos Indiretos de Produção (GIP) da empresa Cristóvão, Lda., no mês de janeiro do ano N totalizam 60 000 €, assim distribuídos:

Mão de obra Indireta	15 700 €
Matérias subsidiárias	13 000 €
Energia	11 000 €
Conservação e reparação	6 800 €
Seguros da fábrica	2 000 €
Depreciações	11 500 €

Conhecem-se ainda os seguintes dados:

Produtos	Hm	MOD (Hh)	Produção
A	17 000	15 000	1 900
B	18 000	13 000	1 600
C	15 000	12 000	1 500

Pedidos:

Pretende-se que:

Determine o valor de GIP a imputar a cada um dos produtos:

1. No sistema de base única: considere para o efeito que a distribuição é feita com base no N.º Horas de MOD
2. No sistema de base múltipla: considerando para o efeito que os GIP são repartidos através das seguintes bases:

Depreciações e Seguros da fábrica:	N.º Hm
Mão Obra Indireta:	N.º Hh
Energia:	N.º Hm
Outros GIP:	N.º Unidades produzidas

Exercício 65 **Pinto & Sousa**

A empresa Pinto & Sousa, Lda. está sedeada em São João da Madeira e dedica-se à produção de calçado. Trabalha por linhas de produção em modo contínuo. Durante os meses de maio e junho do ano N estavam em laboração duas linhas distintas: Sapato SCP e Sapato SCL.

Relativamente à primeira linha de calçado (SCP) sabe-se o seguinte:

	maio		**junho**	
	Qt (unid)	Valor	Qt (unid)	Valor
Produção Acabada	100 000	?	150.000	?
PVF inicial	10 000	30 000 €	10 000	30 000 €
PVF final	10 000	30 000 €	0	0
Custos Produção do Período:				
MP Couro		240 800 €		300 000 €
Outros materiais diretos		89 100 €		120 000 €
MOD		107 625 €		150 000 €
Horas de MOD	10 000 Hh		12 000 Hh	

A empresa procede à imputação dos Gastos Indiretos de Produção utilizando coeficientes diferenciados: um coeficiente em que a Mão de Obra Indireta é imputada com base nas horas de MOD e um segundo coeficiente em que os restantes GIP são imputados tendo por base o valor das MP utilizadas (couro e outros materiais).

Os GIP e outros dados relativos a ambas as linhas durante o mês de maio são os seguintes:

	Valor
Eletricidade e água	40 000 €
Seguros	3 000 €
Mão de Obra Indireta	60 000 €
Depreciações e amortizações	100 000 €
Outros gastos indiretos de produção	34 100 €
Horas MOD (para SCP e SCL)	20 000 Hh
Valor MP (para SCP e SCL)	708 400 €

Pedidos:

1. Determine para o mês de maio e para a linha SCP os Gastos Indiretos de Produção.
2. Determine para o mês de maio o custo de produção unitário, para a linha SCP.

Exercício 66 **Complexo Viver Qualidade**

O Complexo Viver Qualidade é uma IPSS que se destina a acolher idosos, com capacidade para 35 pessoas distribuídas por 25 quartos, 10 duplos e 15 individuais. Os quartos individuais estão equipados com televisão, ar condicionado e aquecimento, ao contrário dos duplos que não possuem essas comodidades.

A IPSS está sujeita a contribuições para a segurança social 22,3% sobre os ordenados auferidos pelos colaboradores, ao pagamento de um seguro de acidentes de trabalho de 2% sobre os mesmos e a mais 3,7% de outros encargos obrigatórios (incluindo subsidio de refeição) e facultativos. E regista, normalmente, uma taxa de 10% de tempos mortos.

Quadro de Pessoal:

Categoria de Pessoal	N.º de pessoas	Ordenados mensais Brutos (*)	Horário de trabalho
Pessoal auxiliar	8	787,50 €	8 horas por dia/20 dias por mês
Pessoal especializado	6	1 350,00 €	
Pessoal de animação sociocultural	1	800, 00 € (**)	

(*) c/ duodécimos Sub. Natal e Férias/ por trabalhador

(**) O animador reparte o seu tempo de serviço 50% para a atividade de animação e 50% para o secretariado administrativo.

Durante o mês de setembro registou os seguintes factos:

- A ocupação foi de 100%.
- Todos os idosos usufruíram do mesmo n.º de refeições e do tipo de alimentação, durante todos os 30 dias do mês.
- A animação sociocultural e recreativa dirigiu-se a todos os utentes.
- As refeições dos idosos são confecionadas na IPSS, por uma cozinheira contratada a uma empresa de trabalho temporário, cuja avença mensal é de 1 500 €. Os ingredientes são adquiridos pela IPSS, registando os movimentos infra relativos aos mesmos:
  - Inventários iniciais de ingredientes para as refeições: 1 600 €.
  - Compras de ingredientes para refeições: 14 200 €.
  - Inventários finais de ingredientes para as refeições: 2 600 €.
- Uma funcionária auxiliar esteve de férias em setembro.
- Não se registaram faltas no mês.
- Cada funcionário ao serviço trabalhou 20 dias em setembro.
- Horas efetivas de trabalho mensais registadas:

Categoria de Pessoal	Quartos duplos	Quartos Individuais
Pessoal auxiliar	40 horas por quarto	30 horas por quarto
Pessoal especializado	20 horas por quarto	40 horas por quarto
Pessoal de animação sociocultural	144 horas mensais	

- Mensalidades e subsídios recebidos:

Pessoa em	Mensalidade/pessoa	Subsidio/pessoa
Quarto individual	2 000 €	---
Quarto duplo	650 €	200 €

- Outros gastos ocorridos neste mês:

Gastos		Observações
Energia	500 €	10% dos gastos da energia são da função administrativa
Depreciações	3 500 €	15% dos gastos de depreciação são da função administrativa

Gastos		Observações
Outros fornecimentos	250 €	15% dos gastos de outros fornecimentos são da função administrativa
Avença do contabilista	150 €	

Os GIP são repartidos com base em coeficientes diferenciados. Assim, para a energia é usado o n.º de quartos e para os restantes o n.º de utentes. Os gastos administrativos são repartidos 50% para os quartos individuais e 50% para os outros.

Pedidos:

1. Calcule o custo por pessoa em quarto individual e em quarto duplo.
2. Calcule os gastos acidentais do mês decorrentes da Mão de Obra.
3. Calcule o Resultado Operacional e por tipo de cliente (quarto individual e duplo), repartindo os gastos acidentais de cada categoria profissional (encontrados na questão 2) em função das respetivas horas reais respetivas.

2.4. Custo dos Produtos Fabricados, Acabados e Vendidos

Exercício 67 **Empresa Alfaiate**

No 1.º trimestre do ano N a empresa Alfaiate, Lda. acabou 5.000 toneladas do produto X que consumiram matérias e materiais diretos no valor de 384.400€ e gastos de transformação no valor de 215.600€.

Não existiam quaisquer inventários de produção em curso, quer no início, quer no final do primeiro trimestre.

A empresa tinha no seu armazém, a 1 de janeiro, 400 toneladas de X ao custo unitário de 125,98€/Ton., sendo que, em 31 de março, estavam em stock 250 Ton. acabadas desse produto.

Pedido:

No caso de a empresa seguir o FIFO na mensuração das saídas de inventários, calcule o custo dos produtos vendidos.

Exercício 68 **Empresa Bencanta**

A empresa Bencanta, Lda. usa o custo médio ponderado, como critério de valorização de inventários, tendo registado os seguintes gastos, no período N:

- ✓ Consumo de matérias-primas: 10.000€
- ✓ Mão de obra direta: 16.000€
- ✓ Gastos Indiretos de Produção: 4.000€

Nesse período, a empresa produziu (acabou) 15.000 Ton. de produto, sendo os inventários iniciais de produtos acabados no valor de 6.980€ (2.200 Ton.).

Pedido:
Determine o custo unitário dos produtos vendidos pela empresa Bencanta, Lda., período N.

Exercício 69 **Empresa Osório**

O controller da empresa Osório, Lda., ao analisar o Relatório de Produção referente ao mês de abril do ano N, verificou os seguintes dados:

	Total do Mês
Compras de matérias e materiais diretos	150 000 €
Gastos com MOD	180 000 €
Gastos Indiretos de Produção	120 000 €
Produção acabada no período	20 000 unidades

	Início do Mês	Final do Mês
Inventários – Matérias e materiais diretos	50 500 €	67 500 €
Inventários – Produção em curso	30 000 €	37 500 €
Inventários – Produtos acabados	---	2 500 unidades

Pedido:
De acordo com estes dados apresentados acima, determine o valor dos inventários finais de produção acabada do ano N.

Exercício 70 **Alves**

Considere os seguintes elementos respeitantes à empresa Alves, Lda. e ao período N:

Custo das matérias-primas consumidas	18 000 €
Gastos com Mão de Obra Direta	15 000 €
Custo de produção dos produtos fabricados	55 000 €
Inventários iniciais de Matérias-primas	2 000 €
Inventários iniciais de Produção em Curso	2 500 €
Inventários iniciais de Produção Acabada	5 500 €
Compras de Matérias-primas	20 000 €
Custo de Produção dos Produtos Acabados	55 000 €
Gastos Administrativos	2 500 €
Gastos de Distribuição	3 000 €
Gastos Financeiros	1 500 €
Vendas	80 000 €
Resultado Bruto	20 000 €

Pedidos:

1. Calcule, para o período em causa, o valor de:
   a) Inventários finais de matérias-primas
   b) Total de Gastos Indiretos de Produção
   c) Inventários finais de produção em curso
   d) Custo das vendas
   e) Inventários finais de produção acabada
2. Calcule o resultado corrente do período.

Exercício 71 **Martins**

A empresa Martins, Lda. produz e comercializa o produto K, apresentando no final de setembro do ano N os seguintes dados contabilísticos referentes ao mês em causa:

	Valor
Inventários iniciais:	
Matérias-primas	3 100 €
Produto acabado P (1.200 unidades)	20 400 €
Produção em curso	6 000 €
Inventários finais:	
Matérias-primas	4 500 €
Produto acabado P (1.387 unidades)	?
Produção em curso	3 501 €
Compras	
Matérias-primas	21 600 €
Vendas	
Produto P (3.800 unidades)	145 160 €
Gastos diversos	
Renda do edifício fabril	1 360 €
Renda do escritório	850 €
Ordenados e comissões de vendedores	5 100 €
Ordenados do pessoal de escritório	5 000 €
Ordenados do pessoal da direção da fábrica	5 900 €
Ordenados dos trabalhadores da fábrica	26 800 €
Ordenados da administração	5 200 €
Depreciações do equipamento de produção	8 920 €
Conservação e reparação de equipamento de produção	1 380 €
Consumo de artigos diversos na fábrica	720 €
Serviços postais e comunicação	2 780 €
Transportes do produto P	6 100 €
Juros de financiamentos obtidos	2 650 €

A empresa utiliza o critério do Custo Médio Ponderado como critério de mensuração de saída de inventários.

Pedidos:

Relativamente ao mês de setembro do ano N, calcule:

1. O custo de produção dos produtos fabricados;
2. O custo de produção dos produtos acabados;
3. O custo de produção dos produtos vendidos;
4. O valor dos inventários finais de produtos acabados.

Exercício 72 **Jota**

Considere a empresa Jota, Lda. que fabrica os produtos X e Y, nos quais consome as matérias-primas A e B, em quantidades distintas.

Sabe-se que os consumos de matérias-primas e de MOD, por unidade produzida, são os seguintes:

Consumos por unidade produzida	**MP A**	**MP B**	**MOD**
Produto X	2 Kg	3 Kg	1,5 Hh
Produto Y	4 Kg	2 Kg	0,5 Hh

Relativamente ao mês de outubro do ano N, são conhecidos os seguintes elementos:

	Quantidade Produzida	**Quantidade Vendida**	**Inventários Iniciais**	
Produto X	10 000 Un.	7 500 Un.	1 000 Un.	18 020 €
Produto Y	8 000 Un.	10 000 Un.	3 000 Un.	44 750 €

	MP A	**MP B**
Inventários iniciais	2 000 Kg	3 000 Kg
	1 375 €	4 725 €
Compras brutas	60 000 Kg	90 000 Kg
Preço de compra	1,30 €/Kg	2,60 €/Kg

Descontos concedidos pelo fornecedor		
Desconto comercial	5%	5%
Desconto financeiro	2%	2%

A empresa registou, em outubro, despesas de transporte das matérias-primas A e B no valor de 3000 € e ainda despesas alfandegárias no valor de 200 € respeitantes à matéria-prima A e 1 800€, respeitantes à matéria-prima B. As despesas de transporte são repartidas pelas duas matérias-primas de acordo com as respetivas quantidades compradas.

Os gastos do armazém de matérias-primas foram de 2 500 €, em outubro, e são repartidas pelas duas matérias, à entrada em armazém, de acordo com o valor bruto das compras.

A empresa adota o Custo Médio Ponderado como critério de valorização de saída de inventários.

Pedidos:

1. Calcule o custo unitário de cada uma das matérias-primas consumidas (por Kg);
2. Calcule o custo primo unitário dos produtos X e Y, sabendo que a taxa horária da MOD é de 6 €/Hh.
3. Sabendo que os GIP imputados aos produtos acabados X e Y foram, respetivamente, 10 000€ e 8 000€, calcule o custo das vendas, por produto.

Exercício 73 **Sóchassis**

A empresa Sóchassis dedica-se à fabricação de um único tipo de chassis com o objetivo de os fornecer a uma conhecida marca de automóveis. Relativamente ao mês de julho de N conhecem-se os seguintes elementos:

A. Vendas

	Chassis
Quantidades Vendidas (em unidades)	6 000
Preço de Venda / Unidade	60 €
Abatimentos comerciais concedidos	2,50 € /unid

B. Inventários e Compras (de matérias-primas):

	Matérias-primas		**Produtos acabados (Chassis)**		**Produtos em curso (PVF)**	
	Quant	Custo unitário	Quant	Custo unitário	Quant	Valores
Inventários Iniciais	100 Ton.	110 €	100 unid	30,28 €	400 unid	10 000 €
Compras (*)	150 Ton.	115 €	---	---	---	---
Inventários Finais	5 Ton.	?	80 unid	?	500 unid	12 000 €

(*) foram obtidos descontos comerciais sobre compras de 5,5 €/Ton adquirida. As despesas de compra, da responsabilidade do comprador, foram de 375 €.

C. Gastos com o Pessoal:

Ordenados do Pessoal Fabril	60 000 €
Ordenados do Pessoal Comercial	12 000 €
Ordenados do Pessoal Administrativo	10 000 €

Sobre os ordenados incidem encargos sociais (TSU + SAT) calculados à taxa de 25%, sendo que os outros gastos de pessoal suportados rondam os 40% dos custos com os ordenados.

D. Fornecimentos e Serviços Externos

Comissões de vendedores da empresa	1 000 €
Despesas de transporte (dos produtos vendidos)	900 €
Energia elétrica da área fabril	1 872 €
Renda do edifício fabril	4 000 €
Seguro da fábrica	500 €
Publicidade	1 200 €
Combustível das viaturas dos vendedores	800 €
Artigos de papelaria	200 €
Diversos custos de fabrico	2 000 €
Água e energia elétrica da área administrativa	450 €
Manutenção e conservação da fábrica	2 100 €

E. Outros elementos:

Depreciações do período – Industriais	10 000 €
Depreciações do período – Comerciais	4 500 €
Depreciações do período – Administrativas	2.900 €
Gastos financeiros	15 700 €

Pedidos:

Sabendo que a empresa utiliza o Custo Médio Ponderado como critério de valorização de saídas de inventários, pretende-se que, com base na informação apresentada:

1. Apure o custo de produção da produção acabada (global e unitário).
2. Valorize os inventários finais de chassis.
3. Calcule o Resultado antes de Impostos.

Exercício 74 **Azeindústria**

A empresa Azeindústria produz dois tipos de produtos (Produto A e Produto B) nos quais é utilizada a matéria-prima X.

Considere as seguintes operações relativas à empresa, no mês de setembro do ano N:

- Compra de 100 toneladas da matéria-prima X a 100 € / Ton;
- Processamento dos custos com pessoal:
  - MOD para o Produto A: 3 975 €
  - MOD para o Produto B: 3 800 €
  - Mão de Obra Indireta: 6 000 €
  - Serviços Administrativos: 3 500 €
  - Serviços Comerciais: 4 000 €
- Consumo de matéria-prima X:
  - Na fabricação do Produto A: 50 Ton.
  - Na fabricação do Produto B: 40 Ton.
- Outros Gastos Indiretos de Produção: 8 000 €
- Os Gastos Indiretos de Produção são imputáveis aos produtos A e B, proporcionalmente à quantidade de produtos acabados no mês;

- Produção acabada e em curso (PVF) no mês:

Produtos	Unidades acabadas	Valor da PVF final
Produto A	4 500	2 000 €
Produto B	3 500	1 500 €

- Os custos de distribuição e administração são repartidos pelos produtos A e B proporcionalmente ao valor das vendas;
- Vendas do mês:
  - 4 500 unidades do Produto A ao preço de venda de 4,5 € / unidade
  - 3 200 unidades do Produto B ao preço de venda de 5,5 € / unidade
- No início do mês não existiam inventários iniciais da MP X, de produção em curso ou dos produtos acabados A e B.

Pedidos:

1. Determine, para cada um dos produtos, o custo de produção dos produtos fabricados (CPPF), o custo de produção dos produtos acabados (CPPA) e o custo de produção dos produtos vendidos (CPPV).
2. Determine o Resultado Bruto, por produto.

Exercício 75 **EXS**

Para um determinado período de tempo, conhecem-se os seguintes elementos contabilísticos da empresa industrial EXS, para uma produção 10 000 unidades:

Custo de consumo de matérias-primas	6 500 €
Custo de Mão de Obra Direta	8 000 €
Gastos indiretos de produção	7 500 €
Gastos comerciais	4 800 €
Gastos administrativos	3 700 €

No inicio do período o inventário de produtos acabados era de 5 022 € relativo a 1 800 unidades e no fim do período estavam em armazém de produtos acabados 2 500 unidades.

Não existem quaisquer inventários iniciais ou finais de produtos em vias de fabrico.

Pedido:

Considerando que se utiliza o critério valorimétrico do Custo Médio Ponderado, determine:

1. O custo de produção dos produtos vendidos;
2. O resultado operacional, sabendo que o preço de venda unitário foi de 4,00 €.

Exercício 76 **Rodrigues**

A empresa Rodrigues, Lda., dedica-se à fabricação do produto AF a partir de duas unidades de Matéria-prima F. Durante o mês de novembro registou os seguintes factos:

- Inventários Iniciais de Matérias Primas F: 50 000 unidades no valor de 110 000 €;
- Comprou ao Fornecedor Matias & Irmão 250 000 unidades de Matérias Prima F a 2 € por unidade;
- Incorreu em despesas de transporte de Matérias Primas F em 0,50 € por unidade;
- Os gastos com os salários e encargos dos operários ascenderam a 250 000 €;
- Os gastos com os ordenados e encargos dos administrativos e da Administração foram de 80 500 €;
- Os gastos com os ordenados e comissões, acrescidos de encargos, relativos aos comerciais foram de 60 500 €;
- Os gastos com Fornecimentos e Serviços Externos (FSE), as depreciações e os outros gastos operacionais que ascenderam a 386 000 €, foram repartidos como se apresenta de seguida:

	Produção	**Distribuição**	**Administração**
FSE	115 000 €	37 000 €	65 000 €
Depreciações	78 000 €	23 000 €	35 000 €
Outros gastos Operacionais	25 000 €	2 500 €	5 500 €

- Os gastos financeiros foram de 25 000 €;

- Terminaram-se 130 000 unidades de AF e venderem-se 120 000 unidades a 12,5 € a unidade;
- Nos inventários iniciais encontravam-se 20 000 unidades acabadas (AF), no valor de 170 000 €, e unidades em curso valorizadas em 20 000 €;
- Os inventários no final do mês registavam unidades em curso, cujo valor se apurou em 4 400 €;
- A empresa utiliza o Custo Médio Ponderado para valorizar as saídas de inventários.

Pedidos:

1. Calcule o custo de produção dos produtos fabricados (CPPF)
2. Calcule o custo de produção dos produtos acabados (CPPA)
3. Calcule o custo de produção dos produtos vendidos (CPPV)
4. Calcule a Margem Bruta.
5. Calcule o Resultado Antes de Impostos (RAI) do Período.

Exercício 77 **Indústrias do Mondego**

Considere a seguinte informação da contabilidade da empresa Indústrias do Mondego relativamente ao mês de janeiro:

- Compras de matérias-primas: 18 000kg a 5 €/kg
- Gastos de transporte e de descarga de Matérias-primas compradas: 18 000 €
- Produção em vias de fabrico inicial: 10 000 €
- Custo com Mão-de-obra Direta: 54 000 €
- Gastos indiretos de produção: 85 000 €
- Produção em vias de fabrico no final do período: 5 000 €
- Inventários iniciais de matérias-primas: 5 000 €
- Inventários finais de matérias-primas: 10 000 €
- Os inventários iniciais de produtos acabados tinham o valor de 40 500 € (2.000 unid.)
- Inventários finais de produtos acabados: 1 500 unidades
- Vendas do período: 10 000 unidades a 30 € a unidade

Pedidos:

Sabendo que a empresa utiliza o Custo Médio Ponderado como critério de valorização de saídas de inventários, calcule:

1. O Custo da matéria-prima consumida
2. O custo de produção dos produtos fabricados.
3. O custo de produção dos produtos acabados.
4. O custo de produção dos produtos vendidos.
5. Sabendo que no período em análise os custos Comerciais foram 10% do valor das vendas e os custos administrativos foram 10 000 €, calcule o Resultados antes de Impostos.

Exercício 78 **MXT**

Considere a seguinte informação relativa ao mês de setembro da Empresa MXT:

Matérias-primas consumidas na produção	67 000 €
Mão de Obra Direta	95 000 €
Custo de Produção dos Produtos Fabricados (CPPF)	234 000 €
Inventário de Matérias primas em 01/09	24 000 €
Inventário de Produção em Curso em 01/09	6 000 €
Inventário de Produção Acabada em 01/09	101 000 €
Compras de matéria-prima	102 000 €
Custo de Produção dos Produtos Acabados (CPPA)	233 000 €
Vendas	344 000 €
Resultado Bruto	127 000 €

Pedidos:

Calcule para o mês de setembro:

1. Valor dos inventários de matéria-prima em 30/09;
2. Total de Gastos Indiretos de produção do período;
3. Valor dos inventários de produção em curso em 30/09;
4. Custo de produção dos produtos vendidos no período;
5. Valor dos inventários de produção acabada em 30/09.

Exercício 79 **Fantasia**

Considere os seguintes elementos, referentes à empresa Fantasia, S.A. e ao período N:

Inventários iniciais de Matérias-primas: 3 000 Kg com valor total de 6 000 €
Inventários iniciais de Produção em Curso: 1 000 unidades com valor total de 4 088 €
Inventários iniciais de Produção Acabada: 1 400 unidades com valor total de 16 280 €
Compras de Matérias-primas: 15 000 Kg a 2,42 €/kg
Produção iniciada: 10 500 unidades
Inventários finais de produção em curso: 2 740 unidades com valor total de 4 000,40 €
Inventários finais de produção acabada: 250 unidades
Gastos com Mão-de-obra Direta: 3 504 Hh a 5 €/Hh
Gastos Indiretos de Produção: 3 942 Hm a 6 €/Hm
Matérias-primas consumidas: 12 264 kg
Gastos Administrativos: 2 500 €
Gastos de Distribuição: 3 000 €
Gastos Financeiros: 1 500 €
Preço de venda: 12 €/unidade

Pedidos:

Assumindo que a empresa utiliza o Custo Médio Ponderado para valorizar as saídas de inventários, calcule:

1. Custo das matérias-primas consumidas.
2. Valor dos inventários finais de matérias-primas.
3. Custo de produção dos produtos fabricados.
4. Custo de Produção dos Produtos Acabados.
5. Quantidade de produto acabado durante o período.
6. Custo unitário da produção acabada.
7. Custo das vendas.
8. Resultado Bruto.
9. Resultado Operacional.
10. Resultado Corrente.

Exercício 80 **XYZ**

A empresa XYZ fabrica um único produto, apresentando em janeiro do ano N os seguintes elementos:

A. Inventários, Compras (de matérias-primas) e Produção:

	Matérias-primas		**Produtos acabados**		**Produtos em curso (PVF)**	
	Quant	Valores	Quant	Valores	Quant	Valores
Inventários Iniciais	500 Ton.	20 000 €	900 Ton.	66 609 €	1 800 Ton.	56 060 €
Compras	9 100 Ton.	373 120 €	---	---	---	---
Produção	---	---	?	?	.	
Inventários Finais	300 Ton.	?	1 400 Ton.	?	2 700 Ton.	67 500 €

A empresa utiliza o Custo Médio Ponderado, como critério de valorização de saídas de inventários.

B. Outros elementos:

Custo direto com pessoal da produção (MOD)	9 000 €
Gastos indiretos de produção	4 000 €
Quantidades vendidas	4 800 tons

Pedidos:

Determine:

1. A quantidade de Matérias-primas consumidas.
2. O custo das Matérias-primas consumidas.
3. Custo de produção dos produtos fabricados.
4. A quantidade produzida.
5. O Custo de produção dos produtos acabados (total e unitário).
6. Custo de produção dos produtos vendidos.
7. Margem Bruta, sabendo que a empresa pratica um preço de venda igual a 150% do custo de produção.

Exercício 81 **AnimalFood**

A empresa AnimalFood, Lda. fabrica um tipo de ração especial para animais (F10 – Produto Granulado) a partir de várias Matérias Primas: Cereais (MP A), Farinha de peixe (MP B), e Vitaminas e minerais (MP C). Os Cerais (MP A) são sujeitos a moagem, e seguem depois para mistura onde se juntam todas as outras matérias-primas (MP B e MP C). A produção aqui obtida é sujeita ainda a um processo de granulação obtendo-se o Produto Granulado F10. Este produto é então embalado, encontrando-se pronto a ser vendido em sacos de 50 Kg. No processo produtivo não se verificam perdas de peso. A empresa apresentou em junho/ N, as seguintes informações:

- Compras e inventários de Matérias Primas:

Descrição		**Quantidade**	**Custo/Preço unitário**
Compras	MP A	500 Ton	300,00 €/Ton
	MP B	300 Ton	200,00 €/Ton
	MP C	4 Ton	1 000,00 €/Ton
Inventários iniciais	MP A	100 Ton	342,00 €/Ton
	MP B	100 Ton	200,00 €/Ton
	MPC	10 Ton	787,60 €/Ton
Inventários finais	MP A	200 Ton	?
	MP B	80 Ton	?
	MP C	0 Ton	0

- Registaram-se no período considerado despesas externas de compras no montante de 4 824 € que são imputadas às Matérias primas de acordo com as quantidades compradas.
- Além das MP, foram adquiridas 50 000 embalagens (sacos) ao custo unitário de 0,15 €.
- Os custos de armazém são repartidos pelas quantidades de Matérias primas consumidas.
- Produção, vendas e inventários do produto acabado (F10) e da produção em curso:

Descrição	Quantidade	Custo/Preço unitário	Valor
Produção do F10	14 680 sacos	?	?
Vendas do F10	13 000 sacos	40 €/unid.	?
Inventários iniciais de F10	0	0	0
Inventários finais de F10	?	?	?
Inventários iniciais de produção em curso	–	–	20 000 €
Inventários finais de produção em curso	–	–	32 000 €

- Os gastos com pessoal direto da produção assumiram o valor de 22 662 €.
- Os restantes custos de transformação foram repartidos pelas diversas áreas da produção:

	Moagem	Mistura	Granulação e Embalagem
Água e Eletricidade	500 €	300 €	300 €
Depreciações de equipamento	30 000 €	23 400 €	16 500 €
Seguros	200 €	200 €	200 €
Gastos com pessoal (Mão de Obra Indireta)	800 €	800 €	900 €
Materiais diversos	300 €	300 €	400 €
Outros gastos	6 200 €	–	1 700 €

- O critério de saída dos inventários o Custo Médio Ponderado.

Pedido:

Determine o custo de produção dos produtos fabricados (CPPF), o custo de produção dos produtos acabados (CPPA) e o custo de produção dos produtos vendidos (CPPV), do produto F10.

Exercício 82 **Somármores**

A Somármores, Lda. é uma PME do sector das rochas ornamentais especializada na serragem, corte e acabamento de mármores, destinados aos sectores da construção civil e do mobiliário.

A empresa fabrica e comercializa essencialmente os seguintes produtos:

- Chapas Serradas
- Chapas Serradas e Polidas
- Degraus e Espelhos para Revestimento de Escadas
- Peitoris, Soleiras e Ombreiras
- Tampos Polidos para Mobiliário

A empresa produz chapas serradas de diversas espessuras que podem variar entre os 2 cm e os 20 cm. As chapas serradas mais utilizadas atualmente são as de 2 e as de 3 centímetros de espessura.

Os Peitoris, as Soleiras e as Ombreiras são fabricados a partir de chapas serradas. Por sua vez os Degraus, os Espelhos e os Tampos são fabricados a partir de chapas serradas e polidas.

A principal matéria-prima utilizada no processo produtivo da empresa é o mármore, sob a forma de blocos.

O processo produtivo da empresa está organizado do seguinte modo:

1. O Serviço de Aprovisionamentos é responsável pelas compras de matérias-primas e pela gestão dos respetivos stocks.
2. A Secção do Engenho ocupa-se da serragem de blocos, de modo a obter chapas serradas com espessuras de 2 cm e de 3 cm. Esta secção dispõe de um engenho e labora continuamente.
3. As chapas serradas pelo engenho seguem para o Armazém de Chapa Serrada.
4. A Secção da Monolâmina ocupa-se também da serragem de blocos, de modo a obter chapas serradas com várias espessuras, desde 4 cm até 20 cm. Estas chapas serradas são enviadas diretamente para a Secção de Produtos de Construção.
5. A Secção de Polimento encarrega-se de polir chapas serradas pelo engenho. Esta secção dispõe de uma máquina de polir.
6. A Secção de Produtos de Construção possui vários equipamentos de corte e acabamento e é responsável pela produção de Degraus, Espelhos, Peitoris, Soleiras e Ombreiras. Para o fabrico de Degraus e Espelhos esta secção utiliza chapas serradas e polidas, com espessuras de 2 cm e de 3 cm. Para o fabrico de Peitoris, Soleiras e Ombreiras utiliza apenas chapas serradas pela Monolâmina.

7. A Secção de Tampos para Mobiliário possui vários equipamentos de corte e acabamento, nomeadamente a máquina de polir topos, e dedica-se apenas ao fabrico de tampos para mobiliário. No fabrico destes produtos a secção utiliza chapas serradas e polidas, com espessuras de 2 cm e de 3 cm.

O departamento de contabilidade e controlo de gestão da Somármores forneceu as seguintes informações, referentes ao mês de julho do ano N:

Custos de Transformação	
Secção do Engenho	6 075,00 €
Secção da Monolâmina	2 460,00 €
Secção de Polimento	9 112,50 €
Secção de Produtos para a Construção	17 474,40 €
Secção de Tampos para Mobiliário	4 374,00 €

- Os custos de transformação são repartidos proporcionalmente às quantidades produzidas em cada uma das secções.
- No início do mês não havia inventários de matéria-prima. A empresa comprou em julho 30 blocos de mármore, a 300 € cada bloco.
- Dos 30 blocos de mármore comprados, 27 foram serrados no engenho e 3 na Monolâmina. Por cada bloco serrado a empresa obteve 150 m^2 de chapa serrada no engenho, e 80 m^2 na Monolâmina, não considerando as respetivas quebras normais de serragem que são de 5%.
- Das chapas serradas pelo engenho, 10% foram vendidas como produto acabado, e os restantes 90% foram polidas. As chapas serradas pela Monolâmina foram todas transformadas em produtos de construção.
- Das chapas polidas, 40% foram utilizadas pela secção de tampos e 60% foram utilizadas pela secção de produtos de construção.
- Os desperdícios normais de chapas na secção de produtos de construção rondam os 20% e na secção de tampos rondam os 10%.
- Os preços de venda e respetivas quantidades vendidas dos produtos acabados foram os seguintes:

produtos	unidades	preço venda unitário	quantidades vendidas
Chapa Serrada	m^2	10 €	405
Degraus e Espelhos	m^2	12 €	1 700
Peitoris, Soleiras e Ombreiras	m^2	30 €	150
Tampos	m^2	40 €	1 200

Pedidos:

1. Calcule o Custo de Produção total de cada um dos Produtos Fabricados
2. Calcule o Custo de Produção total de cada um dos Produtos Vendidos
3. Calcule a Margem Bruta total por produto.

Exercício 83 **Confex**

A empresa Confex, SA, dedica-se à produção, em série, de fatos masculinos para marcas de luxo. Durante o mês de setembro continuou a produzir exclusivamente o Modelo LVMH45 para a empresa francesa LVMH.

Os registos da empresa relativos ao mês de setembro permitiram conhecer o seguinte:

- Consumiram-se Matérias Primas (MP) no valor de 235 000 €;
- Verificaram-se os gastos/custos apresentados na tabela infra:

	Armazém de MP	Produção	Distribuição	Administração	Financeira	Total
Ordenados e Encargos	700 €	120 000 €	12 500 €	25 000 €	4 000€	162 200 €
FSE	?	?	?	?	?	200 000 €
Depreciações	3 000 €	141 900 €	25 000 €	12 500 €	1 500 €	183 900 €
Outros gastos Operacionais	400 €	12 500 €	850 €	550 €		14 300 €
Encargos Financeiros					48 000 €	48 000 €

- Os gastos respeitantes ao armazém de MP são imputados aos consumos de MP.
- Os FSE são repartidos pelas funções utilizando as seguintes percentagens pré-definidas: 0.45% para o Armazém de MP; 73,3% para a produção; 21% para a Distribuição; 5% para a Administração e 0.25% para a Financeira.
- Acabaram-se 18 000 fatos Modelo LVMH45 e enviaram-se para a LVMH 15 000, que foram faturados a 50 € a unidade;
- No início do mês encontravam-se alguns fatos em curso de fabrico, dependentes de acabamentos manuais, encontrando-se valorizados em 4 800 €;
- No final do mês verificou-se que se encontravam em curso de fabrico ainda alguns fatos que tinham em falta os forros e os acabamentos finais, sendo o seu valor de 5 200 €.

Pedidos:

1. Calcule o custo de produção dos produtos fabricados.
2. Calcule o custo de produção dos produtos acabados, global e unitário.
3. Calcule o custo de produção dos produtos vendidos.
4. Calcule o valor do Resultado Líquido do período, considerando uma taxa de IRC de 25%.

CAPÍTULO III
–
SISTEMAS DE CUSTEIO

3.1. Métodos de Tratamento dos Custos Fixos de Produção: Custos Totais e Custos Parciais

Exercício 84 **Empresa Belfética**

A empresa Belfética, Lda. fabrica o produto B, consumindo 2 kg do material M1 (por cada unidade produzida de B) a ainda o material M2. Esta empresa utiliza uma taxa pré-determinada da MOD, cujo valor, para o ano N, é de 6,5€, e utiliza o FIFO para valorizar as saídas de inventários. No início do mês de abril, a empresa tinha em stock 50.000 Kg de material M1, no valor 5.000€, para ser aplicado na produção do produto B.

Durante o mês de abril, a empresa registou os seguintes elementos:

Compras de Material M1	150.000 kg, no valor de 15.750€
Consumo de Material M2	1.950€
Horas de mão-de-obra direta	7 000 horas, gastas na fabricação de B
Quantidade produzida de B	80.000 unidades
Gastos extra produção	12.500€ variáveis e 45.500€ fixos

Verificaram-se ainda outros gastos de produção, no valor de 0,15€ por unidade produzida de B e ainda 50.000€ de gastos que não dependem da atividade da empresa, permanecendo por isso constantes ao longo do tempo.

Sabe-se ainda que a empresa tem uma capacidade de produção normal de 100.000 unidades por mês e utiliza o sistema de custeio total racional.

Pedido:

Calcule o custo da produção acabada do produto B, no mês de abril.

Exercício 85 **Empresa HeltaBIS**

A empresa HeltaBIS, Lda. fabrica em série um único produto, o produto Helis, que vende a 4€ cada unidade. No mês de março, registaram-se os seguintes dados:

Quantidade produzida	500 000 unidades
Quantidade vendida	450 000 unidades
Custos variáveis de produção	620 000 €
Custos variáveis de distribuição	0,25€ por unidade vendida
Custos fixos de produção	750 000 €
Custos fixos administrativos	50 000 €

Pedido:

Sabendo que a empresa HeltaBis, Lda. não possuía quaisquer inventários iniciais em março, calcule o valor da margem de contribuição obtida pela empresa nesse mês.

Exercício 86 **Empresa Gamaluz**

A empresa Gamaluz utiliza o sistema de custeio variável na mensuração dos seus inventários da produção. No período N fabricou 80.000 m2 do produto X.

Não havia stocks iniciais e no final do período havia em armazém 10.000 m2 de X.

Nesse mesmo período, o preço médio de venda foi de 16€/m2.

No período N, a empresa registou os gastos seguintes:

Gastos	Fixos	Variáveis
Fabris	€280.000	€560.000
Distribuição	€120.000	1€/m2
Administrativos	€50.000	-
Financeiros	€40.000	-

Pedido:

Calcule a diferença no Resultado do período, se fosse utilizado o sistema de custeio total.

Exercício 87 **Gama & Correia**

A empresa Gama & Correia, Lda. produz e comercializa o produto Alfa, tendo uma capacidade instalada que lhe permite produzir 2 000 unidades por mês. Em maio/N, a empresa produziu 1 500 unidades e vendeu 1 250 unidades a 15 €/unidade. Durante este mês, os custos fixos de produção ascenderam a 7 500 €, tendo sido registados custos variáveis de produção de 5 € por unidade produzida e custos variáveis extra produção de 2 € por unidade vendida. Os custos fixos extra produção foram de 2 000 €.

Não havia inventários iniciais de produtos acabados, nem inventários iniciais e finais de produção em vias de fabrico.

Pedido:

Calcule o resultado antes de impostos do período em Sistema de Custeio Total Completo.

Exercício 88 **ATT**

A empresa ATT produz um único produto: o Produto P e tem uma capacidade de produção normal de 1 100 toneladas/ano. Conhecem-se os seguintes elementos para o ano N-1:

- Os inventários iniciais de produto acabados eram nulos.
- Vendas: 900 toneladas a 2 800 €/tonelada
- Produção acabada: 920 toneladas
- Custos de produção:

Componentes:	**Custos variáveis**	**Custos fixos**
Matérias primas	780 000 €	
Custos de transformação	200 000 €	280 000 €

- Custos não industriais:
  - Fixos: 90 000€
  - Variáveis: 132 000€

Para o ano N, a empresa apresentou os seguintes dados:

- Vendas: 910 toneladas a 2 780 €/tonelada
- Produção acabada: 900 toneladas
- Custos de produção:

Componentes:	Custos variáveis	Custos fixos
Matérias primas	750 000 €	-
Custos de transformação	195 000 €	280 000 €

- Custos não industriais:
  - Fixos: 90 000 €
  - Variáveis: 130 000 €
- Os inventários iniciais e finais de produção em curso eram nulos.

Pedidos:
Considerando que a empresa utiliza o Sistema de Custeio Total Completo e critério do Custo Médio Ponderado, determine, para o ano N-1 e para o ano N:

1) O custo de produção unitário do produto P;
2) O valor dos inventários finais do produto P.

Exercício 89 **Pedala**

A empresa Pedala é uma pequena unidade fabril que se dedica à montagem de bicicletas de um único modelo. A empresa adquire todos os componentes a diferentes fornecedores nacionais e estrangeiros e procede à sua montagem. Com os recursos que possui atualmente a empresa tem uma capacidade normal de montagem de 500 bicicletas por mês. Os custos fixos de produção ascendem a 21 600 € por mês e o custo de produção variável por bicicleta é de 200 €.

A empresa utiliza o Sistema de Custeio Total Completo para valorizar os seus produtos.

Pedidos:

1. Admitindo que no passado mês de fevereiro foram produzidas 480 bicicletas e vendidas apenas 400, a um preço de venda de 300 €, determine o resultado

operacional no referido mês, considerando que não havia inventário inicial de produtos acabados nem de produtos em curso de fabrico e que a soma dos custos comerciais e administrativos foi de 10 000 € no mês.
2. Indique o valor do Resultado Operacional se fosse utilizado o Sistema de Custeio Total Racional.

Exercício 90 **Coimbra & Coimbra**

A empresa Coimbra & Coimbra, Lda. produz o produto CC, que vende a 12 € por unidade. Relativamente ao período N, durante o qual vendeu 400 000 unidades apresentou os seguintes elementos:

- Inventários iniciais nulos.
- Gastos/Custos Globais por funções

Funções	**Gastos/Custos (globais)**	
	Fixos	**Variáveis**
Produção	1 600 000 €	399 750 €
Distribuição	250 000 €	450 000 €
Administrativa	420 000 €	–
Financeira	180 000 €	–

- Margem Bruta das Vendas, em Sistema de Custeio Total Completo, 2 900 000 €.
- A empresa utiliza o Sistema de Custeio Total Completo para valorizar os seus produtos:

Pedidos:

1. 1. Calcule o valor do Resultado Líquido do período considerando que a empresa está sujeita à taxa de 25% de IRC.
2. Calcule o valor dos inventários finais em armazém no período N.

Exercício 91 **Eólica**

Atento ao crescimento do cluster de energias renováveis em Portugal, um grupo de alunos do ensino superior está a planear constituir uma empresa que se dedique à produção dum componente para turbinas de geração doméstica de energia eólica.

A capacidade produtiva a instalar prevê uma produção normal anual de 40 000 unidades.

Para o primeiro ano de atividade realizaram-se as seguintes previsões:

- De acordo com o estudo de mercado realizado, prevê-se que seja possível vender a quantidade de 38 000 unidades a um preço de venda unitário de 27 €.
- Produção prevista: 39 000 unidades
- Com base numa análise dos concorrentes já instalados e numa consulta a fornecedores, estimaram-se os seguintes custos para o primeiro ano de atividade:

Custos fixos de produção	195 000 €
Custos fixos administrativos e comerciais	50 000 €
Custos variáveis de produção	585 000 €
Custos variáveis comerciais	152 000 €

Pedido:

Calcule o Resultado previsional para o 1.º ano de atividade, utilizando os sistemas:

1. Custeio Total Completo;
2. Custeio Total Racional.

Exercício 92 **Trocadilho**

Considere a seguinte informação referente à empresa Trocadilho, Lda. durante o mês de setembro do ano N:

- Produção e vendas

	Produto A	Produto B
Consumo de matérias-primas	600 Kg a 35 €/Kg	400 Kg a 30 €/Kg
MOD (custo variável)	3 000 Hh a 8 €/Hh	6 000 Hh a 8 €/Hh
Inventário inicial de PVF		
Custeio total	2 000 €	1 100 €
Custeio variável	1 500 €	800 €
Inventário final de PVF		
Custeio total	2 800 €	4 100 €
Custeio variável	1 770 €	650 €

	Produto A	Produto B
Inventário inicial de PA Custeio total Custeio variável	 220 unid a 50 €/un 220 unid a 35 €/un	 550 unid a 45 €/un 550 unid a 37 €/un
Produção	1 100 unid	1 500 unid
Vendas	1 000 unid a 110 €/unid	1 100 unid a 80 €/unid

- GIP
  - Totais: 72 000 €
  - Variáveis: 45 000 €
- Gastos não industriais (fixos)
  - Comerciais: 8 000 €
  - Administrativos e Financeiros: 4 000 €
- Outras informações:
  - Os GIP são imputados aos produtos em função das Hh de MOD;
  - As saídas de inventários são valorizadas pelo critério FIFO

Pedidos:

1. Considerando que a empresa utiliza o Sistema de Custeio Total Completo:
   a) Calcule o CIPA total e unitário dos produtos;
   b) Calcule o CIPV e o Resultado antes de impostos.
2. Considerando que a empresa utiliza o Sistema de Custeio Variável:
   a) Calcule o CIPA unitário;
   b) Calcule o Resultado antes de impostos.

Exercício 93 **Autocomp**

A empresa Autocomp, Lda. produz dois tipos de produtos destinados à indústria automóvel: Produto C1 e Produto C2. O processo produtivo é iniciado com a utilização da MP T para o Produto C1 e da MP V para o Produto C2 que são depois transformadas passando por diversas operações levadas a cabo em diferentes departamentos até obter os produtos acabados.

Relativamente ao mês de abril do ano N, são conhecidas as seguintes informações:

- Inventários e compras de Matérias primas

Inventário inicial de Matérias	**Quantidade**	**Valor Total**
MP T	12 000 unid.	98 000 €
MP V	10 300 unid.	122 400 €
Compras		
MP T	40 000 unid.	240 000 €
MP V	34 000 unid.	187 700€
Inventário final de Matérias		
MP T	2 000 unid.	?
MPV	4 300 unid.	?

- Cada unidade de produto acabado C1 utiliza uma unidade de MP T e cada unidade de produto acabado C2 consome duas unidades de MP V. No período considerado foram produzidas 50 000 unidades do Produto C1 e 20 000 unidades do produto C2.
- Dados relativos a MOD:

	Horas de MOD utilizadas por unidade acabada	**Custo unitário da MOD**
Produto C1	0,25 h / unidade	11 €/hora
Produto C2	0,3 h / unidade	11 €/hora

- Relativamente aos Gastos Indiretos de Produção (GIP) a empresa utiliza um coeficiente global para repartir estes custos pelos produtos cuja base de imputação é o número de horas de MOD e cujo valor é de 3,5 €/hora de MOD.
- Não existiam inventários iniciais ou finais de produtos acabados em armazém
- Outras informações:
  - Os custos das MP consumidas são na totalidade custos variáveis; dos custos com MOD, 65% são custos variáveis e os restantes custos fixos; dos GIP, 70% são custos fixos e os restantes variáveis.
  - A empresa utiliza o Custo Médio Ponderado para valorizar as saídas de inventários e o Sistema de Custeio Total Completo.

Pedidos:

1. Calcule o custo de produção unitário de cada um dos produtos.
2. Calcule a Margem Bruta, sabendo que nesse período toda a produção do período foi vendida e que a empresa pratica uma MB de 40% sobre as vendas.

Exercício 94 **Juvenal**

Admita uma empresa Juvenal, Lda. que utiliza o Sistema de Custeio Total Completo e que tem a seguinte estrutura de custos, para uma produção 400 unidades:

	Fixos	Variáveis
Custos de produção	€ 6 000	€ 60 / unidade
Custos de distribuição e venda	€ 3 000	€ 30 / unidade

Pedidos:

Determine qual seria a diferença no valor do custo de produção unitário, se a empresa tivesse utilizado o Sistema de Custeio Variável em vez do Sistema de Custeio Total Completo.

Exercício 95 **Nunes**

A empresa Nunes, Lda. produz e comercializa os seus produtos para os mercados internos e externos. Conhecem-se os seguintes elementos previsionais para o 1.º trimestre do ano N:

Descrição	DRF
Vendas	220 000 €
Custo das Vendas e CPNI (a)	150 000 €
Resultados Brutos	70 000 €
Custos de Distribuição	
– Fixos	15 000 €
– Variáveis	10 000 €
Custos Administrativos Fixos	8 000 €
Resultados Operacionais	37 000 €

(a) CPNI – Custos de produção não incorporados

Outras informações:

- Vendas 1 000 000 Ton.
- Produção prevista 1 200 000 Ton.
- Produção normal 1 600 000 Ton.
- Custos de Produção Fixos incluído no custo das vendas 70 000 €
- Inventários iniciais nulos

Pedidos:

Sabendo que a Demonstração dos Resultados apresentada foi elaborada pelo Sistema de Custeio Total Completo, determine:

1. O valor dos custos variáveis industriais incluídos na Demonstração dos Resultados;
2. O valor dos custos variáveis de produção previstos para o 1.º trimestre do ano N.

Exercício 96 **Lerrot**

A empresa Lerrot produz e comercializa um único produto, tendo uma capacidade instalada que lhe permite produzir 20 000 unidades por mês. Em maio/N, a empresa produziu 17 500 unidades e vendeu 15 000 unidades. Durante este mês, os custos fixos de produção ascenderam a 700 000€, tendo sido registados custos variáveis de produção de 75,00€/unidade e custos variáveis extra produção de 50,0 €/unidade.

Sabe-se que relativamente ao mês de maio/N:

- A soma do Custo das Vendas e dos Custos de Produção não Incorporados era de 1 737 500€.
- Não havia inventários iniciais de produtos acabados, nem inventários iniciais e finais de produção em vias de fabrico.

Pedido:

Identifique o sistema de custeio utilizado pela empresa.

Exercício 97 **Vicente e Jacob**

A empresa Vicente e Jacob, Lda. fabricou e vendeu 25 000 unidades no período N e apresentou a seguinte estrutura de custos:

Custos totais: 700 000 €, sendo 70% de custos fixos e 30% de custos variáveis;

Resultado operacional obtido em Sistema de Custeio Total Completo: 30% sobre o valor das vendas.

Os inventários iniciais eram nulos.

Pedido:

1. Determine o Resultado Operacional, em Sistema de Custeio Variável, para o período N.
2. Admita que a empresa conseguiu no período N+1 aumentar a sua produção para o dobro e colocá-la no mercado ao mesmo preço de venda, mas com um agravamento dos custos fixos referidos em 60%. Determine o valor dos resultados obtidos em N+1, utilizando o Sistema de Custeio Variável.

Exercício 98 **Solar**

A empresa Solar, SA dedica-se ao fabrico de um componente destinados a ser integrados em painéis solares. Apresenta as seguintes informações para um dado período N:

Capacidade normal (An)	1 300 000 unidades
Produção (Ar)	1 196 000 unidades
Vendas	1 000 000 unidades
Custos Fixos de produção	793 000 €
Custo Variável de produção	1,25 €/unidade
Preço de venda	3 €/unidade
Gastos de distribuição e administrativos variáveis	200 000 €
Gastos de distribuição e administrativos variáveis fixos	138 000 €

Pedido:

Admitindo apenas estes dados e que a empresa não tinha inventários de produção acabada no início do período de ou produção em curso no início e fim do período, determine o Resultado Operacional para N, utilizando o Sistema de Custeio Total Racional.

Exercício 99 **BIKEFAST**

A empresa BIKEFAST é uma pequena unidade fabril que se dedica à montagem de bicicletas elétricas de um único modelo. A empresa adquire todos os componentes a diferentes fornecedores nacionais e estrangeiros e procede à sua montagem. Com os recursos que possui atualmente a empresa tem uma capacidade normal de montagem de 250 bicicletas por mês. Os custos fixos de produção ascendem a 11 000 € por mês e o custo de produção variável por bicicleta é de 550 €.

No passado mês de setembro foram produzidas 180 bicicletas e vendidas apenas 80, a um preço de venda unitário de 750 €.

Em setembro não havia inventários iniciais de produtos acabados nem de produtos em curso de fabrico.

Neste mês, o total dos custos comerciais e administrativos foi de 8 000 €.

A empresa cumpre o estabelecido na norma 18 do SNC e utiliza o Sistema de Custeio Total Racional para valorizar os seus produtos.

Pedidos:

1. Determine o Resultado Operacional obtido no referido mês.
2. Se a empresa utilizasse o Sistema de Custeio Total Completo, o resultado seria diferente? Justifique a sua resposta.

Exercício 100 **Conforto LEG**

A empresa Conforto LEG, S.A. produz *leggings* de desporto de um único modelo, que vende a 6€ por unidade.

A capacidade normal da fábrica é de 968 000 unidades por ano e 88 000 unidades /mês de trabalho efetivo.

Relativamente ao mês de janeiro, durante o qual produziu 79 200 unidades e vendeu 75 000 unidades, tendo apresentado os seguintes elementos:

- Inventários iniciais nulos.
- Gastos globais por funções

Funções	**Gastos**	
	Fixos	**Variáveis**
Produção	250 000 €	131 400 €
Distribuição	25 000 €	4 500 €
Administrativa	42 000 €	
Financeira	18 000 €	

A empresa utiliza o Sistema de Custeio Total Racional.

Pedidos:

1. Calcule o custo da produção acabada, global e unitário.
2. Calcule o Resultado antes de impostos, do período.

Exercício 101 **Saraiva**

No período do ano N a Contabilidade de Gestão da empresa Saraiva, SA, recolheu as informações seguintes:

Gastos fixos de Produção	1 800 €
Gastos variáveis de Produção	7 650 €
Gastos variáveis Comerciais	5 460 €
Gastos fixos extra produção	2 610 €
Capacidade instalada	4 800 unidades
Produção no período	3 600 unidades
Inventários iniciais	nulos

Pedidos:

1. Sabendo que a empresa vendeu 3 000 unidades a 5,75 € cada, calcule o resultado operacional, utilizando o Sistema de Custeio Total Racional.
2. Se a empresa utilizasse o Sistema de Custeio Total Completo, qual seria o impacto no custo unitário de produção dos produtos, relativamente à situação anterior?

Exercício 102 **Univéler**

A sociedade Univéler, Lda. fabrica e vende 2 tipos de bebidas energéticas: *Whitebull* e *Super Whitebull*, a partir de ingredientes adquiridos no mercado.

A diferença entre os dois produtos reside no facto do *Super Whitebull* conter extrato de guaraná.

O processo de fabrico desenrola-se da seguinte forma: as matérias-primas (à exceção do extrato de guaraná) são consumidos no Departamento Mistura, sendo transformados num produto intermédio que segue imediatamente para o departamento Estabilização, onde se obtém o produto *Whitebull* que segue para o departamento de embalagem (em garrafas de 200 ml, acondicionadas em packs de 10 garrafas) ou, em alternativa, segue para o Departamento SW onde lhe é adicionado o extrato de guaraná, obtendo-se assim o produto *Super Whitebull*, que segue também para embalagem, em garrafas de 125 ml e em packs de 4 garrafas.
Os produtos são vendidos em pack ao cliente final.

Não existem variações significativas de peso/volume, ao longo do processo produtivo.

Conhecem-se as seguintes informações relativas ao mês de junho/N:

- Quantidade processadas e acabadas nos departamentos Mistura e Estabilização:

	Litros produzidos	**Inventários Finais e Iniciais (litros)**
Whitebull	8 848 (*)	0
Super Whitebull	2 000	0

(*) dos quais 2.000 litros seguem para o Departamento SW para a produção de *Super Whitebull*.

- Inventários iniciais e finais de junho/N

	01/06		30/06	
	Quant.	**Valor**	**Quant.**	**Valor**
Extrato de guaraná	20 Kg	1 200 €	60 Kg	?
Outras matérias-primas	100 Kg	1 200 €	20 Kg	?
PVF no Dep. SW	?	2 000 €	?	4 000 €
Produto Acabado *Whitebull*	---	---	224 Packs	?
Produto Acabado *Super Whitebull*	500 Packs	3 100 €	300 Packs	?

- Compras

	Quantidade	**Valor**
Extrato de guaraná	140 kg	11 200 €
Outras matérias-primas	65 kg	780 €

- Gastos dos Departamentos:

Departamentos	**Mistura**	**Estabilização**	**SW**	**Embalagem**
Mão-Obra-Direta	3 000	1 500	2 000	0,5 € / Pack
GGP Variáveis	5 456	5 100	3 620	1,5 € / Pack
GGP Fixos	1 750	2 000	3 750	5 024 €/mês (*)

(*) os gastos fixos da Embalagem são imputados de acordo com o número de garrafas.

- Gastos extra produção:

Gastos Dist. Variáveis	7 200 €
Gastos Dist. Fixos	8 050 €
Gastos Administrativos	6 750 €

- Quantidades vendidas e preços de venda:

	Packs vendidos	**Preço Unitário**
Whitebull	3 200	9,0 €
Super Whitebull	4 200	15,0 €

- A empresa utilizou apenas 60% da capacidade dos Departamentos de Mistura e de Estabilização, sendo que a capacidade do Departamento SW foi, no período, totalmente utilizada. Quanto ao Departamento de Embalagem, sabe-se que tem capacidade para embalar 62 800 garrafas por mês.
- 75% dos custos da mão-obra-direta são custos fixos.
- A empresa utiliza o Custo Médio Ponderado e o Sistema de Custeio Total Racional.
- Os inventários iniciais de produtos acabados eram nulos.

Pedidos:

1. Calcule, para o período em causa, o CPPA e o CPPA unitário para cada produto.
2. Calcule o Resultado operacional.

Exercício 103 **Mendes**

A empresa Mendes, Lda. produz e comercializa o produto ALFA, por transformação da matéria-prima A nos departamentos D1 e D2. Para o ano N+1 fez as seguintes previsões:

- Custos das secções:

Gastos de Transformação	**Dep. D1**	**Dep. D2**
Variáveis	39 990 €	59 520 €
Fixos	39 060 €	37 975 €
Total	79 050 €	97 495 €

- Custo de produção, por unidade produzida (pelo Sistema de Custeio Total Completo):

Descrição	**Custo unitário**	**Consumo unitário**	**Custo por unid. produzida**
Matérias Primas	40,0 €/kg	0,7 Kg	28,0 €
Gastos de Transformação			
D1	25,0 € / Hm	1,2 Hm	30,0 €
D2	7,4 € / Hm	5,0 Hm	37,0 €
Total			95,0 €

- Gastos não industriais:

Gastos não industriais Variáveis	40 € por unidade vendida
Gastos não industriais Fixos (totais)	26 000 €

- Vendas e Inventários finais de produtos acabados:

Vendas	2 000 unidades a 150 €/unidade
Inventários finais de produtos acabados	635 unidades a ?/unidade

Pedidos:

1. Suponha que a capacidade normal de produção é de 3 100 unidades e que não se prevê a existência de inventários iniciais de produtos acabados ou em curso. Determine o resultado para o ano N+1 pelo Sistema de Custeio Total Racional.
2. Qual seria a diferença no Resultado, se fosse utilizado o Sistema de Custeio Total Completo?

Exercício 104 **Casa Agrícola Mondego**

A Casa Agrícola Mondego, Lda., procurando aumentar o valor acrescentado dos seus produtos, decidiu iniciar a produção de um novo produto: Preparado para Arroz Doce Pré-cozinhado. Para tal foi necessário realizar um novo investimento o qual consistiu na aquisição de equipamentos de produção específico. A produção de cada embalagem deste novo produto implica o consumo de 250 gramas de arroz basmati.

Os gastos associados ao novo investimento são os seguintes:

Gastos	Valor
Depreciações (*) de equipamentos por kg de arroz basmati processado	0,06 €
Gastos mensais com pessoal adstrito a este novo produto (com encargos)	5 636,25 €

(*) as depreciações são calculadas de acordo com o método das unidades de produção.

O investimento efetuado permite a produção mensal de 96 250 kg de Preparado para Arroz Doce.

O processo de transformação do arroz em Preparado para Arroz Doce implica um aumento de peso de 120% relativamente à quantidade de Arroz Basmati processado, devido à adição de leite, açúcar, ovos e aromatizantes.

Durante o mês de agosto verificaram-se os seguintes elementos, relativamente a esta nova área fabril e a este processo de transformação de arroz em Preparado para Arroz Doce:

Produção de Preparado para Arroz Doce	77 000 Kg
Energia e outros FSE	0,129 €/kg produzido de Preparado para Arroz Doce + 67 € */por mês
Leite, açúcar, ovos e aromatizantes consumidos	0,5572 €/kg produzido de Preparado para Arroz Doce
Embalagens	0,08 €/ embalagem

* respeitante ao valor do contrato de potência de energia

Inventários iniciais de agosto de Arroz Basmati	**Quantidade**	**Valor**
Lote 1 (adquirido a 01/07)	60 000 Kg	21 000 €
Lote 2 (adquirido a 15/07)	80 000 Kg	32 200 €

Os gastos administrativos e comerciais associados a este novo produto são fixos e no valor de 800€ mensais.

Pedidos:

1. Calcule o custo de cada embalagem acabada de Preparado para Arroz Doce, considerando que a empresa utiliza o Sistema de Custeio Total Racional e o Custo Médio Ponderado.
2. Indique o valor dos Gastos Fixos de Produção não Incorporados, a incluir na Demonstração dos Resultados por Funções deste mês, no que se refere apenas ao Preparado para Arroz Doce.

Exercício 105 **Lucas & Mateus**

A empresa Lucas & Mateus, Lda. produz e comercializa o produto Gama, tendo uma capacidade instalada que lhe permite produzir 4 000 unidades por mês. Em fevereiro/N, a empresa produziu 3 000 unidades e vendeu 2 500 unidades a 18 €/ unidade. Durante este mês, os custos fixos de produção ascenderam a 7 500 €, tendo sido registados custos variáveis de produção de 7,5 € por unidade produzida e custos variáveis extra produção de 2,5 € por unidade vendida. Os custos fixos extra produção foram de 1 750 €.

Não havia inventários iniciais de produtos acabados, nem inventários iniciais e finais de produção em vias de fabrico.

Pedido:

Calcule o resultado do período em Sistema de Custeio Variável.

Exercício 106 **Belaideia**

Da contabilidade da empresa Belaideia, Lda., foram extraídos os seguintes elementos:

Armazém MP	
Si: 150 m² a 15 €/m² Compras: 2 500 m² a 20 €/m²	**A**

Fabricação	
A **B** (Gastos de Conversão)	Produção: 1.300 unid. a 120 €/unid.

Armazém PA	
Si: 500 unid a 110 €/ unid **C**	**D**

Resultados Analíticos	
D **E** (GPNI) Gastos comerciais: 90 000 € **F** (Resultado)	Vendas: 1700 unid . a 200 €/ unid

(*) GPNI = gastos de produção não incorporados

Sabe-se ainda que:

- A empresa utiliza o FIFO como critério de movimentação dos inventários
- Não existem inventários de PVF
- Custo de produção em custeio total: 150€/unid
- Custo de produção em custeio variável: 120€/unid
- Não existem inventários finais de matérias-primas.

Pedidos:

Determine os valores das incógnitas A, B, C, D, E e F.

Exercício 107 **Correia**

Considere a empresa Correia Lda., que produz apenas um produto e que apresenta a seguinte Demonstração dos Resultados em Sistema de Custeio Variável, para dois períodos sequenciais:

	Período 1	**Período 2**	**Total**
Vendas	200 000 €	280 000 €	480 000 €
Custo de Produção dos produtos vendidos	100 000 €	100 000 €	200 000 €
Resultado bruto	100 000 €	180 000 €	280 000 €
Gastos de distribuição e administração variáveis	30 000 €	30 000 €	60 000 €
Margem de contribuição	70 000 €	150 000 €	220 000 €
Gastos produção não incorporados (GPNI)	25 000 €	25 000 €	50 000 €
Gastos de distribuição e administração (fixos)	25 000 €	25 000 €	50 000 €
Resultado operacional	20 000 €	100 000 €	120 000 €

Conhecem-se ainda os seguintes elementos relativos à produção, vendas e inventários para os períodos considerados:

	Período 1	**Período 2**
Quantidade produzida	1 000 unidades	980 unidades
Quantidade vendida	900 unidades	900 unidades
Inventários iniciais de produtos acabados	0	?

	Período 1	Período 2
Inventários finais de produtos acabados	100 unidades	180 unidades
Inventários iniciais de produtos em curso	0	0
Inventários finais de produtos em curso	0	0

Pedidos:

1. Determine o custo de produção dos produtos acabados (CPPA) para cada um dos períodos;
2. Determine o valor dos inventários finais de produtos acabados;
3. Qual seria o resultado operacional no período 1, caso a empresa adotasse o Sistema de Custeio Total Completo?

Exercício 108 **Oficina Mecânica LowCost**

Para um nível de atividade de 10 000 horas (capacidade instalada), a Oficina Mecânica LowCost tem custos fixos de 90 000 € e variáveis de 30 000 €, ascendendo, portanto, o custo total a 120 000€.

Pedidos:

Para um nível de atividade efetiva de 5 000 horas:

1. Determine o custo de produção unitário em Sistema de Custeio Variável;
2. Determine o custo de produção unitário em Sistema de Custeio Total Racional;
3. Determine o custo de subactividade em Sistema de Custeio Total Racional.

Exercício 109 **PerEste**

A PerEste, CRL é uma pequena cooperativa agrícola que se dedica à compra e venda de pera rocha aos seus membros. Durante a época da colheita, a cooperativa compra a pera aos agricultores, procedendo posteriormente à sua higienização, seleção e armazenamento. Durante o resto do ano, à medida que consegue escoamento, a pera é embalada em sacos de 1 kg e acondicionada posteriormente em caixas de cartão com capacidade para 5 sacos, para ser vendida no mercado nacional e internacional.

Relativamente ao mês de março do ano N, conhecem-se os seguintes dados:

- Inventários de pera em 01/03/N:
  - 180 toneladas de Pera de Qualidade 1, ao custo médio de 0,8€/Kg
  - 20 toneladas de Pera de Qualidade 2, ao custo médio de 0,5 €/Kg.
- Gastos mensais do Armazém (das peras):

Gastos	**Valor**	**Observações**
Depreciações (edifício e equipamentos produtivos)	4 000 €	Calculado pelo método das quotas constantes
Energia	500 €	Valor não sensível à atividade
Gastos com pessoal	510 €	Valor correspondente a trabalhadores eventuais contratados para movimentar as peras do Armazém para o Embalamento. Este gasto é distribuído pelas duas qualidades de pera, em função das respetivas quantidades movimentadas

- Gastos mensais do Embalamento

Gastos	**Valor**	**Observações**
Embalagens e rótulos	0,50 €/caixa	-
Depreciações das máquinas	680 €	Calculado de acordo com o n.º de horas de funcionamento das máquinas, que são proporcionais às quantidades embaladas
Depreciações do edifício	250 €	Calculado pelo método das quotas constantes
Energia	250 €	Corresponde ao contador e iluminação (valor não sensível à atividade)
Gastos com pessoal	3 400 €	25% do valor diz respeito a horas pagas a trabalhadores eventuais, sendo estes gastos distribuídos pelas duas qualidades de pera, em função das respetivas quantidades embaladas. Os restantes 75% correspondem a trabalhadores do quadro da cooperativa

- Gastos de transporte das peras até ao armazém do cliente: 80 €/tonelada.
- Quantidade embalada: 80 toneladas de Pera de Qualidade 1 e 5 toneladas de Pera de Qualidade 2.
- Preços de venda: Pera de Qualidade 1 a 5,5 €/caixa e Pera de Qualidade 2 a 3,5 €/caixa.

Pedidos:

1. De acordo com o Sistema de Custeio Variável, calcule o custo de produção de cada caixa de pera embalada (de cada uma das qualidades).
2. Elabore a Demonstração dos Resultados, no modelo da contribuição.

Exercício 110 **Lopes**

A partir dos elementos previsionais da empresa Lopes Lda., elaboraram-se as seguintes Demonstração dos Resultados por Funções:

	DRF I	DRF II	DRF III
Vendas	57 400 €	57 400 €	57 400 €
Custo das Vendas + CINI	38 700 €	41 200 €	39 300 €
Margem Bruta	18 700 €	16 200 €	18 100 €
Gastos de Distribuição	5 400 €	5 400 €	5 400 €
Gastos Administrativos	5 000 €	5 000 €	5 000 €
Gastos de Inv e Desenvolvimento	2 500 €	2 500 €	2 500 €
Resultado Operacional	5 800 €	3 300 €	5 200 €
Gastos de financiamento (líquidos)	3 000 €	3 000 €	3 000 €
Resultado antes Impostos	2 800 €	300 €	2 200 €

Outras Informações:

- Inventário inicial: 200 unidades aos seguintes gastos unitários:
  - Sistema de Custeio Total Completo: 56,0 €
  - Sistema de Custeio Variável: 31,0 €
  - Sistema de Custeio Total Racional: 51,5 €
- Inventário final: 300 unidades
- A produção do mês corresponde a 80% da produção normal
- Preço de venda: 82 €
- Custos industriais: Variáveis – 24 000 €
  - Fixos – 20 000 €
- Critério valorimétrico: FIFO

Pedidos:

1. Identifique os sistemas de custeio subjacentes a cada uma das Demonstrações dos Resultados apresentadas.

2. Por via das diferenças entre o valor dos inventários, confirme as diferenças entre os Resultados obtidos nas Demonstrações dos Resultados, em Sistema de Custeio Total Completo e Sistema de Custeio Variável.

Exercício 111 **Estimais**

A Estimais, S. A. posiciona-se no segmento de nutrição animal, com uma capacidade de produção, em condições normais, de 250 toneladas por dia de ração sólida para animais de estimação.

No entanto, devido ao facto de a empresa ainda ser pouco conhecida no mercado, durante o primeiro trimestre do ano N, a produção média obtida foi de 80 toneladas/dia (nos 90 dias de produção).

O processo produtivo começa na Moagem, onde os grãos de cereais chegam, por ação mecânica, vindos dos silos (armazém) e são moídos no grau desejado para permitir uma melhor digestibilidade e homogeneidade do produto final.

Na Mistura, pesam-se, na balança digital, os farelos e as vitaminas (Premix) nas doses necessárias à fórmula que foi desenvolvida na empresa pelo especialista em nutrição animal, e misturam-se durante algum tempo.

Na secção seguinte, Peletização, a ração farelada vinda da secção Mistura é aglomerada em partículas grandes pela ação do vapor, da pressão e da alta temperatura a que fica sujeita, sendo de seguida refrigerada e seca para manter a qualidade e adquirir a consistência desejada. A ração solida está então pronta para ser ensacada na secção de Embalagem, em sacos de 5 kg.

Durante o processo ocorre uma perda de peso de 5% desde a Moagem até à Embalagem.

As fichas de ativos fixos tangíveis (AFT) da empresa contêm as seguintes informações:

Tipo de Ativos	Valor de Aquisição	Taxa de depreciação
Edifícios		
Fabril	600 000 €	5%
Administrativo	25 000 €	2%
Máquinas e equipamentos instalados nas 3 Secções	500 000 €	14,28%

Gastos, incluindo encargos quando for caso disso, verificados no trimestre:

Gastos	Valor	Observações
Pessoal adstrito à fábrica:		
Pessoal especializado e indiferenciado	125 000 €	10% são considerados variáveis
Encarregados e Chefes de produção	20 000 €	10% são considerados variáveis
Pessoal afeto aos serviços administrativos	15 000 €	Gastos fixos
Pessoal afeto aos serviços comerciais	13 500 €	10% são considerados variáveis
Energia		
Elétrica		
Fábrica	65 300 €	25% dos gastos são fixos
Edifício Administrativo	1 250 €	Gastos fixos
Combustível sólido	30 000 €	Utilizada na caldeira da fábrica (*)
Água consumida na Fábrica	1 750 €	750 € correspondem a água utilizada na limpeza das instalações, sendo o restante utilizado na produção de vapor. Ambos os valores dependem do volume de atividade da empresa.
Água consumida no Edifício Administrativo	125 €	Gastos fixos
Consumo de MP e materiais de consumo		?
Cereais	424 275 €	
Vitaminas	125 000 €	
Embalagens	3 500 €	
Outros gastos comerciais	25 000 €	15% são variáveis
Outros gastos administrativos	1 500 €	Gastos fixos
Gastos de financiamento	150 000 €	Gastos fixos

(*) a caldeira apenas funciona na medida das necessidades de produção.

Outras informações:

- A empresa, para conquistar quota de mercado, está a vender a 1€ cada saco de 5 kg.
- Relativamente à produção acabada, calculada de acordo com o Sistema de Custeio Variável, no início do trimestre estavam em inventários 225 000 sacos de ração, valorizados em 84 600 €. No final do trimestre encontravam-se 250 000 sacos de ração em inventários.

Pedidos:

Utilizando o Sistema de Custeio Variável e o Custo Médio Ponderado, pede-se que:

1. Indicando o valor dos custos fixos e variáveis de cada função.
2. Calcule o custo unitário da produção acabada, por tonelada e por saco.
3. Calcule o Resultado antes de impostos do trimestre.

3.2. Método dos Centros de Custo

Exercício 112 **Empresa ILCA**

A empresa ILCA, Lda. utiliza o método das secções (ou centros de custo) para repartir os gastos indiretos de produção (GIP) pelos dois produtos fabricados, o produto A e o produto B. Os GIP diretos incorridos no mês de junho do ano N, nas secções P1 e P2 (secções principais da função produção) e na secção X1 (secção auxiliar da função produção), foram os seguintes:

Secção P1	194 750 €
Secção P2	94 275 €
Secção X1	61 975 €

Durante este mês, registou-se ainda um custo de energia elétrica, no valor de 7.500€ e comum às três secções, o qual é repartido em função da área ocupada por cada uma destas secções (P1: 400 m2; P2: 344 m2; X1: 56 m2).

A atividade das secções, durante o mês de junho do ano N, foi a seguinte:

<table>
<tr><th>Secção P1</th><th>Secção P2</th><th>Secção X1</th></tr>
<tr><td rowspan="2">4.000 Hm</td><td rowspan="2">3.500 Hh</td><td>Para a Secção P1: 1 500 Hh</td></tr>
<tr><td>Para a Secção P2: 1 000 Hh</td></tr>
</table>

Pedidos:

1) Calcule o total de custos primários de cada uma das secções (P1, P2 e X1);
2) Calcule o custo unitário das secções principais de produção.

Exercício 113 **Empresa Juliette**

A empresa Juliette, Lda. fabrica dois produtos, em dois departamentos de produção principais (Produção e Montagem), dispondo ainda de dois departamentos auxiliares (Limpeza e Manutenção).

Para o ano N, a empresa apresentou os seguintes dados:

Departamentos	Secção Produção	Secção Montagem	Secção Limpeza	Secção Manutenção	Total
Total de custos primários (todos custos diretos)	38 100 €	29 400 €	15 000 €	18 000 €	100 500 €
Área ocupada	400 m2	600 m2	---	---	1 000 m2
Unidade de obra	1 800 Hm	2 800 Hh	---	---	

Os custos da Secção Limpeza são repartidos pelas secções principais, de acordo com a respetiva área ocupada. Foi estimado que 80% dos custos da Secção de Manutenção resultaram de apoio à Secção de Produção, tendo o remanescente resultado de apoio à Secção de Montagem.

Pedido:

Calcule o custo das unidades de obra das secções de Produção e Montagem, neste período.

Exercício 114 **Figueira e Coimbra**

A empresa Figueira e Coimbra, Lda. iniciou a sua atividade em junho de N, dedicando-se à produção de comandos à distância para televisores, nomeadamente à produção de dois modelos para televisores da marca Sunny. Esta empresa utiliza, no cálculo do custo dos produtos, o método dos centros de custo. No âmbito deste processo de cálculo foi recolhida a seguinte informação, relativa ao segundo semestre de N:

	Secções de Produção				Secção Comercial
	Principais		Auxiliares		
	Fabrico	Montagem	Manutenção	Energia	
Custos Diretos	29 405 €	19 000 €	10 685 €	4 000 €	8 500 €
Custos indiretos	?	?	?	?	?
Área ocupada	200 m²	160 m²	65 m²	50 m²	150 m²
Atividade	2 500 Hm	6 000 (*)	100,00%	4 000 KW	3 638 (**)
Produto X	1 000 Hm	2 000 (*)			1 250 (**)
Produto Y	1 500 Hm	4 000 (*)			2 388 (**)
Fabrico			35%	2 100 KW	
Montagem			40%	1 600 KW	
Comercial			15%	200 KW	
Manutenção				100 KW	
Energia			10%		

(*) Unidades Acabadas
(**) Unidades Vendidas

Os custos indiretos das secções foram, neste período, de 30 000 €, e a empresa optou por fazer a sua repartição de acordo com a área ocupada por cada secção.

A empresa utiliza o Custo Médio Ponderado na valorização das saídas de inventários.

	Custos unitários		Preço de Venda
	Consumo de Materiais	Mão-de-obra Direta	
Produto X	27,10 €	10,00 €	92,50 €
Produto Y	35,15 €	12,00 €	107,00 €

Os custos administrativos foram, no período, no valor de 13 324 €.

Pedidos:

1. Calcule o custo total e unitário de cada uma das secções de produção principais.

2. Calcule o custo de produção unitário dos produtos acabados.
3. Calcule o resultado global obtido pela empresa, durante o referido período.

Exercício 115 **Bolos de Ançã**

A Bolos de Ançã, Lda. tem a sua fábrica de Portunhos estruturada em duas secções principais (Secção Preparação e Secção Cozedura) e duas secções auxiliares. Uma das secções auxiliares é a Secção Manutenção, cuja unidade de obra é a hora-homem (Hh) e a outra secção auxiliar é a Secção Gastos Comuns.

No mês de janeiro do ano N, a Secção Manutenção incorreu em gastos diretos no montante de 1202,875 €, tendo a sua atividade sido de 160 Hh, das quais 20 foram aplicadas na reparação de uma máquina da Secção Gastos Comuns, 80 Hh foram aplicadas na Secção Preparação e as restantes na Secção Cozedura. A Secção Gastos Comuns teve 315 € de gastos diretos e reparte a sua atividade pelas restantes secções, cabendo 50% à Secção Preparação, 40% à Secção Cozedura e 10% à Secção Manutenção.

As secções principais registaram no mês em causa os seguintes gastos e atividade (em unidades de obra):

	Secção Preparação	**Secção Cozedura**
Gastos diretos	1 239,375 €	1 742,750 €
Atividade (unidades de obra)	350 Hh	20 000 kW

Pedidos:

Calcule o custo da unidade de obra das secções:

a) Manutenção;
b) Preparação
c) Cozedura.

Exercício 116 **Garrido & Correia**

A empresa Garrido & Correia, S.A. fabrica três produtos em dois departamentos principais, Produção e Montagem e dispõe ainda de dois outros departamentos auxiliares: Cantina e Manutenção. Para o próximo ano, a empresa prevê os seguintes custos e níveis de atividade:

Departamentos	Produção	Montagem	Cantina	Manutenção	Total
Custos Diretos	27 809 €	19 418,60 €	16 480 €	26 650 €	90 357,60 €
Custos Indiretos Rendas, Eletricidade					17 000 €
Depreciação/Seguros de equipamentos					24 000 €
Valor do equipamento	150 000 €	75 000 €	30 000 €	45 000 €	300 000 €
N.º de empregados	18	14	4	4	40
Área ocupada	3 536 m²	1 360 m²	1 088 m²	816 m²	6 800 m²
N.º Horas Máquina (H/m)	9 680	3 872			
N.º Horas Homem (H/h)	19 360	7 744			

Os custos indiretos dos departamentos devem ser repartidos de acordo com o critério mais adequado. O custo da Cantina é repartido pelos restantes departamentos, em função do seu número de empregados. Foi estimado que 70% dos custos do departamento de Manutenção resultaram de apoio ao departamento de Produção, tendo o remanescente resultado de apoio ao departamento de Montagem.

Pedidos:

1. Calcule o custo da unidade de obra (unidade de imputação) dos departamentos considerando como critério de imputação as Horas/máquina, para o departamento de Produção e as Horas/homem, para o departamento de Montagem.
2. Calcule o custo de produção unitário orçamentado do produto X, sabendo que por cada unidade produzida se consomem os seguintes recursos:

Matéria-Prima	11 € /unidade
Custo direto c/ pessoal da produção	18 € /unidade
Horas máquina por unidade produzida – Dep. Produção	6 Hm por unidade
Horas homem por unidade produzida – Dep. Montagem	5 Hh por unidade

Exercício 117 **Oliveoil**

A empresa Oliveoil, SA produtora de azeite, utiliza o método dos centros de custos para imputação dos seus custos indiretos de produção. Em determinado período, apresentou as seguintes informações para os centros principais (Lavagem, Moagem e Extração) e para os centros auxiliares (Manutenção e Controlo de qualidade).

Atividade e gastos diretos dos centros de custos:

Descrição	**Lavagem**	**Moagem**	**Extração**	**Manu-tenção**	**Controlo de Qualidade**
Unidade de obra	Hm	Hm	Hh	Hh	Hh
Atividade	1 365,5 Hm	1 759,6 Hm	2 185 Hh	600 Hh	700 Hh
Gastos diretos (€):					
Salários e encargos	9 600	24 500	14 000	10 905	15 000
Água	3 100	1 630	350	280	300
Eletricidade	200	1 050	410	1000	200
Matérias subsidiárias	300	800	330	220	500
Depreciações e amortizações	800	2600	2000	1 900	1 000
Outros gastos	500	600	400	300	300

Para além dos custos diretos apresentados no quadro anterior, os centros têm custos indiretos no montante de 9000€ que são repartidos de igual forma pelos centros principais.

Os centros auxiliares repartem a sua atividade da seguinte forma:

	Lavagem	**Moagem**	**Extração**	**Manutenção**	**Controlo de Qualidade**
Manutenção	150 Hh	150 Hh	240 Hh	–	60 Hh
Controlo Qualidade	210 Hh	210 Hh	210 Hh	70 Hh	–

Pedido:

Determine o custo por unidade de obra ou unidade de custeio dos centros de custos principais.

Exercício 118 **Gomes e Gaspar**

Suponha que a empresa Gomes e Gaspar, Lda., que utiliza o método dos centros de custo para imputar os custos de transformação aos produtos, obteve a seguinte repartição primária de gastos, para um determinado período de tempo:

	Secções Principais		**Secções Auxiliares**	
	Unidade 1	Unidade 2	Oficina	Planeamento e Controlo
Repartição Primária	129 500 €	80 000 €	20 400 €	17 600 €

A repartição da atividade de cada secção auxiliar foi a seguinte:

	Unidade de Obra	**N.º U.O.**	**Unidade 1**	**Unidade 2**	**Oficina**	**Planeamento e Controlo**
Oficina	Hh	960	500	460	-	-
Planeamento e Controlo	Hh	1760	800	600	360	-

Pretende-se que determine o custo total da secção principal Unidade 1 bem como o custo da respetiva unidade de obra, sabendo que no período de tempo em análise esta secção produziu 10.000 componentes que seguiram de imediato para a Unidade 2, e que a unidade de obra desta secção é o número de componentes produzidos.

Exercício 119 **EmendCentro**

A EmendCentro, S. A. dedica-se à produção de aperitivos, a partir da amêndoa com casca. O processo produtivo compreende três fases: Descasque, Seleção e Acabamento:

I. Fase de descasque: entram as amêndoas com casca e, através da ação de martelos mecânicos, separa-se o miolo da amêndoa da casca. A casca obtida deste processo é utilizada como combustível da caldeira (da empresa) que produz energia para os equipamentos produtivos. O custo alternativo do combustível seria 60 € por cada tonelada de casca, ou seja, 1 tonelada de casca permite poupar 60 € em combustível.

II. Fase da seleção: o miolo de amêndoa obtido na fase de Descasque é selecionado, com recurso a um calibrador, dando origem a três tipos de produtos:

- A1 – Amêndoa de 1.ª, que segue para a Fase de Acabamento;
- A2 – Amêndoa de 2.ª, que segue para a Fase de Acabamento;
- A3 – Amêndoa partida, vendida neste estado (sem qualquer transformação adicional)

III. Fase de Acabamento: as amêndoas A1 e A2 são sujeitas às operações de pelagem, tempero e embalagem.

A empresa utiliza o método das secções homogéneas para repartir os custos indiretos de produção pelos produtos, e para controlar os custos das secções.
Considere os seguintes elementos, referentes ao mês de abril do ano N:

Tipo de gasto	Valor mensal
Gastos com pessoal	
Descasque	3 500,12 €
Seleção	6 497,88 €
Acabamento	10 001,00 €
Caldeira	1 250,00 €
Manutenção	1 450,00 €
Depreciações de edifícios e equipamentos	10 500,00 €
Outros gastos (FSE) de produção	2 300,00 €

Nota: se tiver necessidade de repartir os gastos, pelas seções, utilize a área ocupada.

Informação relativa às Secções Principais e às de suporte (Caldeira e Manutenção):

	Descasque	Seleção	Acabamento	Caldeira	Manutenção
Unidade de Obra (U.O.)	Hm	Hm	Hm	KW	Hh
N.º de U.O.	300 Hm	320 Hm	620 Hm (*)	50000 KW	320 Hh
Área Ocupada	120 m^2	100 m^2	120 m^2	40 m^2	20 m^2
KW consumidos	25000 KW	10500 KW	14000 KW	---	500 KW
Hh consumidas (da secção manutenção)	120 Hh	100 Hh	80 Hh	20 Hh	---

Hm = Horas-máquina (horas de funcionamento dos equipamentos); Hh = Horas homem (horas de trabalho Humano)
(*) Na Fase de Acabamento: as horas de equipamento consumidas em abril, do ano N, por cada tipo de produto, foram as seguintes: A1 = 200 Hm e A2 = 420 Hm.

Pedidos:

1. Calcule o custo da U.O de cada uma das secções principais.
2. Determine os custos indiretos da fase de acabamento a imputar a cada tipo de produto: A1 e A2.

Exercício 120 **Lousat**

A sociedade Lousat é uma empresa industrial que fabrica louça sanitária. No passado mês de janeiro produziu dois modelos de lavatórios: EVORA e CHAVES, a partir das matérias-primas: argila, feldspatos, quartzo e caulino. O processo de fabrico desenvolve-se nas seguintes fases:

- Fase I – Secção de Mistura e Enchimento – Dilui-se a argila, obtendo-se uma suspensão argilosa, à qual são depois adicionados feldspatos, quartzo e caulino, resultando numa mistura (barbotina) que é usada no enchimento automático dos moldes, obtendo-se as peças em cru;
- Fase II – Secção de Secagem – As peças em cru seguem para uma secção de secagem;
- Fase III – Secção de Cozedura – As peças são vidradas e cozidas, resultando o produto final.

Outros dados relativos ao mês de janeiro:

- Cada lavatório do modelo EVORA pesa 3 kg e do modelo CHAVES 6 kg;
- Ao longo do processo produtivo ocorre uma perda de peso global de 25%;
- Não havia existência inicial de Produtos Acabados;
- Para além das secções de produção principais já enunciadas, existem duas secções auxiliares: Planeamento e Limpeza Industrial e uma secção Administrativa e comercial;
- Atividade das Secções Auxiliares e Custos das Secções:

	Prestações das Secções Fornecedoras		**Custos**
	Planeamento (%)	**Limpeza (Hh)**	
Planeamento			100 000 €
Limpeza	10 %		90 000 €

	Prestações das Secções Fornecedoras		Custos
	Planeamento (%)	Limpeza (Hh)	
Mistura e Enchimento	20 %	500 Hh	240 000 €
Secagem e vidragem	20 %	200 Hh	500 000 €
Cozedura	10 %	200 Hh	600 000 €
Administrativa e Comerc.	40 %	100 Hh	80 000 €

- Atividade das Secções de Produção Principais:

Produtos	EVORA	CHAVES	TOTAL
Mistura e Enchimento (toneladas)	120	80	200
Secagem (HM)	2 220	1 380	3 600
Cozedura (kW)	6 000	4 500	10 500

- Custo dos materiais consumidos no mês de janeiro:

	Quantidade	Valor
Argila	155 000 Kg	450 000 €
Feldspato	20 000 Kg	220 000 €
Quartzo	10 000 Kg	150 000 €
Caulino	15 000 Kg	80 000 €

- Inventários finais de Produtos Acabados e preço de venda unitário dos produtos acabados:

EVORA	10 000 Peças	90 €
CHAVES	5 000 Peças	125 €

Pedidos:

1. Determine o custo unitário de cada uma das secções principais.
2. Determine o custo unitário de cada um dos produtos acabados.
3. Determine a margem bruta obtida, por produto.

Exercício 121 **Inducalçado**

A empresa Inducalçado, S.A. fabrica dois tipos de botas para uso industrial (E-STANDARD e I-NOVA), em dois departamentos fabris principais (Produção e Acabamento), dispondo ainda de dois departamentos auxiliares (Cantina e Manutenção), para além de um departamento administrativo e um departamento comercial. A empresa encerra no mês de julho para férias. Relativamente ao mês de agosto, conhecem-se os seguintes elementos:

Departamentos	**Gastos c/ Pessoal**	**Depreciações**	**Outros gastos diretos**	**N.º de empregados**	Área
Departamento Comercial	52 000 €	12 000,0 €	12 600,0 €	12	56
Departamento Administrativo	62 400 €	15 000,0 €	12 273,0 €	6	112
Secção de Produção	(1) 363 000 €	146 108,6 €	68 000,0 €	60	896
Secção de Acabamento	264 000 €	118 592,5 €	75 618,5 €	36	1 232
Cantina	22 000 €	35 000,0 €	8 500,0 €	6	392
Secção de Manutenção	33 000 €	15 301,0 €	21 600,0 €	6	112

(1) Este montante não inclui os gastos com pessoal respeitantes ao diretor de produção.

Os restantes gastos da empresa, em agosto/N foram:

- Rendas e consumo de energia elétrica: 125 000 €, os quais são repartidos pelas secções da empresa de acordo com a respetiva área ocupada;
- Diretor de produção: 40 000 €, os quais são repartidos pelas secções fabris principais e pela Manutenção, de acordo com os respetivos gastos com pessoal;
- Fornecimentos e Serviços Externos e outros gastos operacionais: 46 000 €, dos quais 30 000€ são do departamento industrial e são repartidos pelas secções industriais Produção, Acabamento e Manutenção, de acordo com os respetivos custos diretos, sendo os restantes 16 000 € repartidos pelos restantes departamentos de acordo com o respetivo número de trabalhadores.

Os custos da Cantina são repartidos pelas restantes secções da empresa de acordo com o respetivo número de trabalhadores.

A atividade da Secção de Manutenção, em agosto/N repartiu-se da seguinte forma:

- Apoio à Secção de Produção: 75% referente à reparação e manutenção de equipamentos produtivos;
- Apoio ao Departamento Administrativo: 5% referente à reparação e manutenção de impressoras;
- Apoio ao Departamento Comercial: 7,5% referente à reparação e manutenção de veículos automóveis;
- Apoio à Cantina: 6% referente à reparação e manutenção de máquinas de lavar loiça e fornos;
- Apoio à Secção de Acabamento: o remanescente da atividade da secção manutenção.

A atividade (medida em unidades de obra) da secção de produção foi de 50 586 Hm e a da secção de montagem foi de 47 850 Hm.
Sabe-se ainda que se estima uma produção de 2 000 pares/ano de botas E-STANDARD e que cada par consome 60 € de matérias-primas, 0,6 Hm da Secção de Produção e 1,75 Hm da Secção de Acabamento.

Pedidos:

1. Calcule os custos totais de cada um dos departamentos da empresa;
2. Calcule os custos da unidade de obra de cada uma das secções de produção principais;
3. Calcule o custo de produção total e unitário orçamentado para o produto E-STANDARD.

Exercício 122 **Ribeirinha**

A empresa Ribeirinha, Lda. produz por encomenda, utilizando na fabricação 2 secções de produção (A e B) e 2 secções auxiliares (X e Y). A previsão dos Gastos Indiretos de Produção (GIP) e de outros elementos, para o ano N, foram as seguintes:

	A	B	X	Y	Total
Custos diretos secções					
MOD	25 681,20 €	12 840,60 €	1 098,00 €	4 280,20 €	43 900 €
Mão de Obra Indireta	8 393,20 €	2 706,80 €			11 100 €
Área ocupada	1 960 m2	3 640 m2	840 m2	560 m2	7 000 m2
Valor do equipamento	144 000 €	96 000 €	42 000 €	18 000 €	300 000 €
Custo da H/h	5,80 €	4,50 €			

Outros Custos gerais

Depreciações do edifício fabril	210 000 €
Seguros e depreciações dos equipamentos	15 000 €
Limpeza e energia	42 000 €
Telefone	5 200 €
	272 200 €

Outra informação relativa às secções:

- Os custos indiretos das secções devem ser repartidos de acordo com os critérios mais adequados (através de pesos percentuais).
- Os Custos da secção X são repartidos pelas restantes secções da empresa, de acordo com o peso percentual dos respetivos custos com MOD.
- Quanto à Secção Y, 20% dos seus custos são atribuídos à secção A e o remanescente à secção B.

Sabe-se ainda que:

- Na secção A trabalham 10 operários, com um horário de trabalho de 37 horas semanais, tendo a empresa estimado para o ano 10 000 horas de trabalho efetivo.
- Na secção B existem 5 máquinas que operam durante 25 horas por semana cada uma (considere uma taxa normal de tempos mortos de 4%).

Pedidos:

1. Calcule o custo orçamentado da unidade de imputação referente a cada secção principal.

2. Estando em fabricação uma encomenda para um cliente especial, calcule o seu custo total de produção, tendo em conta as seguintes informações adicionais (com base nos custos obtidos na resposta à questão anterior).

	Encomenda Especial
Matéria-Prima Consumida	1 232 €
Horas de trabalho	15 Hh da secção A
	17 Hm da secção B

Assuma que no ano N os custos totais de produção reais da secção B totalizaram 175 280 € e a atividade real foi de 5 400 Hm. Calcule e classifique a eventual diferença de imputação dos custos da secção referida.

Exercício 123 **Soares**

A empresa Soares fabrica e vende três tipos de óleos alimentares concentrados, que são posteriormente refinados por outras empresas:

- Óleo de Soja, extraído a partir da matéria-prima soja, sendo que a produção deste óleo ocorre no Departamento I;
- Óleo de Amendoim, produzido a partir do amendoim e que se extrai no departamento II;
- Óleo Neutro, obtido a partir da mistura dos dois óleos feita no departamento III.

Os valores disponíveis (em euros) em outubro do ano N foram os seguintes:

1. Inventários

Inventários	**Em 01/10/N**		**Em 31/10/N**	
	Quantidade	Valor	Quantidade	Valor
Matérias Primas				
Soja	28 560 Kg	14 280 €	25 118 kg	12 800 €
Amendoim	10 000 Kg	6 000 €	7 519 kg	4 000 €
Produção em Curso				

Inventários	**Em 01/10/N**		**Em 31/10/N**	
	Quantidade	Valor	Quantidade	Valor
Departamento I – Óleo Soja		1 120 €		1 600 €
Departamento II – Óleo Amendoim		800 €		0 €
Produtos Acabados				
Óleo de Soja	2 000 litros	7 500 €	7 000 litros	?
Óleo de Amendoim	1 000 litros	4 700 €	2 500 litros	?
Óleo Neutro	1 000 litros	5 500 €	2 500 litros	?

- O critério de valorização das saídas dos inventários de armazém utilizado é o Custo Médio Ponderado.

2. Compras do mês:

Matérias primas	**Valor**
Soja	25 400 €
Amendoim	20 000 €

3. Registaram-se no mês despesas externas de compras, no montante de 1 362 €, que são repartidos pelo valor das compras brutas de matérias-primas.
4. Produção e Vendas do mês

Produtos	**Produção**	**Vendas**	
	Quantidade	Quantidade	Preço de venda
Óleo de Soja	15 000 litros	10 000 litros	5,10 € / litro
Óleo de Amendoim	10 000 litros	8 500 litros	6,20 € / litro
Óleo Neutro	2 500 litros	1 000 litros	6,60 € / litro

5. Como expresso no quadro anterior, foram produzidos no Departamento I, 15 000 litros de Óleo de Soja e no Departamento II, 10 000 litros de Óleo de Amendoim. De cada um destes óleos, 10% da quantidade produzida foi destinada à produção do Óleo Neutro (onde as quantidades que entram no departamento são semelhantes às quantidades obtidas à saída do processo produtivo nesse departamento). A restante quantidade da produção do óleo de soja e de amendoim destinou-se ao Armazém de produtos acabados.

Existem além dos referidos departamentos, que correspondem a secções principais, duas secções auxiliares: a Manutenção e o Controlo de Qualidade. A empresa utiliza o método dos centros de custos para imputação dos GIP.

6. Gastos Indiretos de produção

Gastos	**Departamento I**	**Departamento II**	**Departamento III**	**Manutenção**	**Controlo de Qualidade**
Depreciações	8 040 €	5 000 €	3 000 €	400 €	500 €
Eletricidade e água	800 €	750 €	700 €	200 €	400 €
Seguros	500 €	500 €	500 €	–	100 €
Outros gastos	2 860 €	1 000 €	800 €	120 €	220 €
Atividade/unid. imputação	300 Hm	400 Hh hhHh	Quantidade produzida	100 Hh	100 Hh

7. Repartição dos custos da secção auxiliar:

	Depart. I	**Depart. II**	**Depart. III**	**Manutenção**	**Controlo de Qualidade**
Manutenção	40%	30%	20%	–	10%
Controlo de Qualidade	35%	35%	25%	5%	–

8. Custos de Mão de Obra Direta dos produtos:

Óleo de Soja	Óleo de Amendoim	Óleo Neutro
5 000 €	2 400 €	1 000 €

9. Além dos custos de produção, a empresa apurou os seguintes gastos, no período considerado:

	Valor
Gastos de distribuição	12 000 €
Gastos administrativos	5 000 €
Gastos de financiamento	3 000 €

Pedidos:

1. Proceda ao apuramento do custo total de cada uma das secções de produção principais.
2. Calcule o custo de produção dos Produtos Acabados Óleo de Soja e Óleo de Amendoim.
3. Determine o custo global das vendas (para todos os produtos vendidos).

Exercício 124 **Cardoso e Sousa**

A empresa Cardoso e Sousa, Lda. dedica-se ao fabrico e venda de dois produtos A e B. O produto A consome a matéria-prima X e o produto B consome a matéria-prima Y. O rendimento da matéria-prima X é de 80% (por cada kg consumido de X obtém-se 0,8 kg de A) e o rendimento da matéria-prima Y é de 100%. A empresa, com o objetivo de controlar os custos indiretos, esta dividida nos seguintes centros de custos: dois auxiliares – Manutenção e Energia e três principais – Produção, Embalagem e Distribuição. As matérias-primas X e Y são tratadas no centro de Produção passando de imediato ao centro de Embalagem, onde é embalado o produto A em latas de 1 kg e o produto B em latas de 2 kg.

Os custos diretos das secções encontram-se já repartidos pelas secções da seguinte forma:

	Produção	**Embalagem**	**Distribuição**	**Manutenção**	**Energia**
Repartição primária	22 500€	6 500 €	5 000 €	2 317,50 €	2 000 €

Para efetuar a repartição secundária (reembolsos) das secções auxiliares deverá ter em conta o quadro seguinte em que os valores são dados em (%).

	Manutenção	**Energia**	**Produção**	**Embalagem**	**Distribuição**
Manutenção	–	10	50	30	10
Energia	12,5	–	62,5	12,5	12,5

Outros elementos:

	Custo total	C. Unit	Quantidade
Inventários Iniciais:			
Embalagens/latas a	1 000 €	0,25 €	4 000 latas
Embalagens/latas b	820 €	0,40 €	2 050 latas
Compras			
Matéria-prima x		0,80 €	7 000 kg
Matéria-prima y		1,60 €	7 000 kg

- Para a secção de Produção a unidade de obra é a hora maquina (Hm). No período em questão foram trabalhadas 2 500 Hm, das quais 1 150 Hm para o produto A e 1 350 Hm para o produto B. Para a secção de Embalagem a unidade de obra é o número de unidades produzidas (latas) de A e B.
- No período registaram-se 2 000 Horas Homem (Hh) de Mão de Obra Direta, 1 200 Hh para o produto A e 800 Hh para o produto B. A Taxa horária teórica considerada foi de 8 €.
- Foram vendidas 3 000 unidades (latas) do produto A, a 10 €/lata, e 1 000 latas do produto B, a 22 € a lata.
- Não foram adquiridas quaisquer embalagens durante o período e os respetivos inventários finais são nulos.
- É utilizado como critério de valorização das saídas de inventários o Custo Médio Ponderado.

Pedidos:

1. Calculo o custo total e unitário das secções principais.
2. Calcule o custo total de produção de cada um dos produtos acabados.
3. Considerando que a empresa utiliza o Sistema Duplo Contabilístico, efetue os registos na conta 9321 – Secção de Produção, indicando as respetivas contrapartidas.

Exercício 125 **Mundiarroz**

A empresa Gaspar e Rodrigues, S.A. tem como principal atividade a transformação e comercialização de cereais. Na zona da produção, para além das secções principais (descasque, seleção e embalagem), existem duas seções auxiliares: a Limpeza Industrial e a Manutenção Industrial.

A empresa utiliza o método das secções homogéneas para repartir os Gastos Indiretos de Produção pelos produtos, e para controlar os custos destas secções. Considere os seguintes elementos, referentes ao mês de agosto de N:

Gastos	Valor mensal
Depreciações de edifícios e equipamentos	
Descasque	4 467,50 €
Seleção	8 950,00 €
Embalagem	13 157,50 €
Limpeza Industrial	1 595,00 €
Manutenção Industrial	1 800,00 €
Gastos com Pessoal (1)	10 500,00 €
Outros gastos de produção (2)	3 000,00 €

(1) a repartir em função do número de trabalhadores
(2) a repartir em função da área ocupada

Informação relativa às Secções:

	Descasque	Seleção	Embalagem	Limpeza Industrial	Manut. Industrial
Unidade de Obra (U.O.)	Hm	Hm	Hm	Hh	Hh
N.º de U.O.	300 Hm	320 Hm	620 Hm	400Hh	320 Hh
N.º de trabalhadores	4	2	2	2	2
Área ocupada	100 m^2	120 m^2	50 m^2	30 m^2	20 m^2
Atividade da Secção Limpeza	130 Hh	140 Hh	130 Hh	-	-
Manutenção Industrial	40%	40%	10%	10%	-

Hora – máquina (Horas de funcionamento dos equipamentos)
Hora – homem (Horas de trabalho humano)

Secção Embalagem (dados de agosto de N)	Produto C1	Produto C2
Horas de equipamento (máquina)	300	320
Horas de Mão-de-obra Direta (MOD)	150	180
Custo do cereal à entrada na Secção Embalagem	110 000 €	130 000 €

A taxa horária teórica da MOD calculada para a Secção Embalagem (ano N) foi de 10 €.

Pedidos:

1. Calcule o custo das unidades de obra de cada secção no mês de agosto em Sistema de Custeio Total Completo.
2. Calcule o custo de produção global dos produtos C1 e C2, à saída da Secção de Embalagem.

Exercício 126 **Divisão de Ambiente e Serviços Urbanos**

A Unidade Orgânica Divisão de Ambiente e Serviços Urbanos de uma determinada autarquia está dividida em 4 serviços principais e 1 serviço de suporte. Para o ano N, esta divisão prevê os seguintes custos para os respetivos serviços:

Serviços	Gestão Ambiental	Jardins e Espaços Verdes	Gestão de Resíduos	Limpeza Urbana	Serv. Admin.	Total
Custos Diretos:						
Consumo Materiais	2 534,00 €	14 890,00 €	5 135,00 €	6 422,50 €	1 252,50 €	30 234,00 €
MOD	54 600,00 €	67 200,00 €	49 400,00 €	32 800,00 €	23 000,00 €	227 000,00 €
Máquinas e Viaturas	2 400,00 €	25 000,00 €	25 000,00 €	28 000,00 €	5 000,00 €	85 400,00 €
Outros gastos	19 000,00 €	8 000,00 €	5 000,00 €	5 000,00 €	2 000,00 €	39 000,00 €
Custos Indiretos:						
Mão de Obra Indireta (1)						42 000,00 €
Rendas/ Deprec. Amortiz. (2)						12 000,00 €
Aquecimento e Eletricidade (2)						10 000,00 €
Seguros dos equipamentos (3)						1 630,00 €
Limpeza (1)						10 000,00 €
Segurança e vigilância (2)						15 000,00 €

(1) A repartir pelos serviços, de acordo com o respetivo número de trabalhadores.
(2) A repartir pelos serviços, de acordo com a respetiva área ocupada
(3) A repartir pelos serviços, de acordo com o respetivo valor dos equipamentos

Relativamente a estes serviços recolheu-se a seguinte informação:

Serviços	Gestão Ambiental	Jardins e Espaços Verdes	Gestão de Resíduos	Limpeza Urbana	Serv. Admin.	Total
Valor dos equipamentos	8 000 €	75 000 €	30 000 €	45 000 €	5 000 €	163 000 €
N.º de trabalhadores	2	7	5	4	2	20
Área ocupada	300 m²	1 800 m²	1 000 m²	750 m²	150 m²	4 000 m²

Os custos indiretos das secções devem ser repartidos de acordo com o critério mais adequado, devendo procurar uma unidade de repartição dos custos de forma a que a maior parte dos elementos do custo variem, se não proporcionalmente, pelo menos no mesmo sentido que o número de unidades das possíveis chaves de repartição.

Os custos do Serviço Administrativo são repartidos pelos restantes serviços da divisão, em função do número de trabalhadores.

A atividade considerada normal é a seguinte:

Serviços	**Gestão Ambiental**	**Jardins e Esp. verdes**	**Gestão de Resíduos**	**Limpeza Urbana**	**Serviços administrativos**
Atividade Normal (anual)	12 500 Hh	8 000 m²	3 000 Ton.	100 000 m²	5 000 horas

Prevê-se a utilização de apenas 60% da capacidade dos Serviços de Gestão Ambiental e de Gestão de Resíduos e 70% dos restantes serviços.

Considera-se ainda que os custos relativos à mão de obra são fixos, o consumo de materiais e 30% dos restantes custos diretos das secções são custos variáveis, e 90% dos custos indiretos da rubrica de custos com aquecimento e eletricidade são variáveis.

A empresa utiliza o Sistema de Custeio Total Racional.

Pedidos:

1. Calcule o custo total a incorporar em cada um dos serviços principais da Divisão de Ambiente e Serviços Urbanos.
2. Determine o total de custos fixos a não incorporar nos custos dos serviços, no período, tendo em consideração o sistema de custeio utilizado.
3. Calcule o custo da unidade de obra/unidade de imputação de cada um dos serviços principais da Divisão de Ambiente e Serviços Urbanos, considerando como critérios de imputação:
   - As horas/homem (Hh) para o serviço de Gestão Ambiental;
   - Os m² de jardins e espaços verdes, para o serviço de Jardins e Espaços Verdes;
   - As toneladas de resíduos recolhidos, para o serviço de Gestão de Resíduos;
   - Os m² de área a manter limpa, para o serviço de Limpeza Urbana.
4. Calcule o custo dos seguintes serviços prestados por cada um dos serviços (secções) da Divisão de Ambiente e Serviços Urbanos:

a) Parecer sobre impacto ambiental originado pela implantação de uma nova unidade industrial no concelho, sabendo que os 2 técnicos estiveram envolvidos no parecer e que este foi executado em 250 Hh.
b) Limpeza, atualização e manutenção do jardim circundante à Escola secundária, com uma área de 1 000 m². Os custos diretos desta prestação de serviços relacionados com a aquisição de 250 novas espécies de arbustos para plantar orçam em 2,00 € por arbusto, sendo ainda necessário adquirir 30 kg de adubo especial com o custo de aquisição previsto de 1,50 €/kg, e subcontratar a impermeabilização de uma pequena parte do espaço por um valor previsto de 300 €.
c) Uma unidade industrial solicitou à autarquia orçamento para remoção de 5 toneladas de resíduos sólidos.
d) Os serviços da autarquia responsáveis pelos eventos culturais e pareceres sobre utilização de espaços públicos solicitaram aos serviços de limpeza urbana o orçamento sobre a limpeza do espaço do parque de estacionamento onde se prevê realizar durante uma semana uma feira de artesanato, o parque tem uma área de 1 000 m² e a feira vai ter uma duração de 8 dias. A limpeza é efetuada apenas efetuada no final da feira.

Exercício 127 **Record**

A empresa Record, Lda. dedica-se à produção de dois tipos de produtos (A e B), cujo processo de fabrico pode ser resumido da seguinte forma: a matéria-prima X entra no departamento I, donde sai o produto A e a matéria-prima Y entra no departamento II, donde sai o produto B.
Existe ainda um departamento auxiliar de Manutenção Industrial que presta serviço aos departamentos principais.
Relativamente ao mês de fevereiro de N, recolheram-se os seguintes dados:

- Matérias Primas

	Inventário Inicial		**Compras**		**Consumos**
	Qt (kg)	Custo Unit.	Qt (kg)	Custo Unit.	Qt (kg)
MP X	7 300	7,0 €	15 200	6,5 €	19 000
MP Y	4 500	12,5 €	5 500	13 €	9 500

- Produtos Acabados

	Vendas		**Inv. Final**
	Qt (unid)	Preço de Venda	Qt (unid)
P A	1 300	260 €/unid.	200
P B	2 200	190 €/unid.	300

- Informações sobre os Departamentos

	Departamentos		
	I	**II**	**Manutenção Industrial**
Custos Diretos Fixos Variáveis	 5 230 € 12 896,40 €	 3 050 € 27 500 €	 2 650 € 15 000 €
Depart. I Depart. II Depart. Man. Ind.	– 30 Hm 35%	75 Hm - 65%	– – –
Atividade real	600 Hm	400 Hm	–

- Existe ainda um armazém de matérias-primas, cujos custos imputados a cada matéria consumida foram, no período, os seguintes:

MP X	2 750,00 €
MP Y	1 459,60 €

- Outros custos do mês (fixos):
  - Comerciais: 127 114 €
  - Administrativos: 100 000 €
  - Financeiros: 50 000 €
- Outras informações:

  Não existe produção acabada no início do período.

  Não existe produção em vias de fabrico inicial nem final.

  A empresa tem capacidade para produzir 5 000 unidades por mês.

  As saídas de armazém são valorizadas ao FIFO.

  A empresa utiliza o Sistema de Custeio Total Racional.

Pedidos:

1. Calcule o custo da unidade de obra de cada um dos departamentos principais.
2. Determine o custo de produção total e unitário de cada um dos produtos acabados.
3. Calcule o valor do Resultado antes de impostos.

Exercício 128 **Pimentão**

A empresa Pimentão, Lda. produz e vende 2 tipos de produtos: polpa de tomate em frasco e conserva de tomate em lata, a partir do tomate em bruto. O processo de fabrico é o seguinte:

O tomate entra na Secção de Lavagem para serem retiradas as principais impurezas. Finda esta operação, o tomate segue para a secção de Descasque e Corte. Da produção da Secção Descasque e Corte, uma parte é transferida para a Secção Trituração e posteriormente para a secção Embalagem, dando origem ao produto final Frasco de polpa de tomate. A restante quantidade da secção Descasque e Corte é sujeita apenas a operações de descasque e transferida diretamente para a Secção Embalagem onde surge o produto final Lata de tomate em conserva. Para ambos os produtos ficarem totalmente acabados é adicionado, na Secção Embalagem, a matéria-prima ácido cítrico.

1. Composição de cada um dos produtos finais

Frasco de polpa de tomate	Lata de tomate em conserva
Peso: 350 g Tomate em Polpa – 250 g Ácido cítrico – 100 g	Peso: 750 g Tomate – 500 g Ácido cítrico – 250 g

2. Informações relativas ao período N

- Inventários e compras de Matérias primas e embalagens

	Matérias Primas				**Embalagens**			
	Tomate		**Ácido cítrico**		**Frascos**		**Latas**	
	Quant. (kg)	Valor	Quant. (kg)	Valor	Quant. (unid.)	Valor	Quant. (unid.)	Valor
Inventário Inicial	15 000	2 100 €	20 000	10 000 €	5 000	150 €	2 000	120 €
Compras	40 000	4 775 €	–	–	100 000	3 000 €	25 000	1 500 €
Inventário Final	21 000	?	5 350	?	11 000	?	6 000	?

- Inventários e produção de produtos acabados (PA)

	Produtos acabados			
	Frasco Polpa tomate		**Lata de tomate conserva**	
	Quant. (unid.)	**Valor**	**Quant. (unid.)**	**Valor**
Inv. Inicial	5 000	2 362 €	1 500	780 €
Produção	94 000	?	21 000	?
Inv. Final	?	?	?	?

- Gastos das secções no período N

Gastos das secções	**Secções**					
	Lavagem	**Desc. e Corte**	**Trituração**	**Embalagem**	**Distribuição**	**Administrativa**
Gastos com pessoal	2 500,00 €	5 000,00 €	2 500,00 €	9 500 €	3 000 €	15 000 €
Outros gastos	3 838,00 €	17 406,00 €	7 212,00 €	1 150 €	7 000 €	5 000 €

- Vendas no período N

Produtos	**Quantidades**	**Preço unitário**
Frasco de polpa de tomate	95 000 unidades	1,00 € / unidade
Lata de tomate em conserva	19 000 unidades	1,75 € / unidade

- Outras informações:
  - As matérias-primas são todas incorporadas no início do processo e tal como as embalagens são custos variáveis.

- Do total dos gastos com pessoal, 40% é considerado variável, sendo o restante fixo.
- Do total dos outros gastos das secções, 50% é considerado variável e o restante fixo.
- Dos gastos de distribuição, 9 000 € são fixos, sendo que dos restantes (variáveis) 741 € dizem respeito aos frascos de polpa de tomate e 259 € dizem respeito às latas de tomate.
- Os gastos administrativos são integralmente fixos.
- As unidades de imputação/custeio das secções de produção são: Quantidades (kg) de MP consumidas pela seção, para as secções "Lavagem", "Descasque e Corte" e "Trituração" e as Horas-máquina para a Secção "Embalagem".
- Os Frascos de Polpa de tomate precisaram, na secção Embalagem, de 175 Hm e as Latas de tomate em conserva de 75 Hm.
- A empresa utiliza o critério do Custo Médio Ponderado na valorização dos inventários.
- A empresa utiliza o Sistema de Custeio Variável.

Pedidos:

1. Custo de produção total e unitário da produção acabada (CPPA) de cada um dos produtos.
2. O valor dos inventários finais de produtos acabados.
3. A Demonstração dos Resultados por Funções e por produtos.

3.3. Custeio Baseado nas Atividades

Exercício 129 **ROCERTO**

A empresa ROCERTO, Lda. produz três produtos (R, C e T), pelos quais reparte os gastos indiretos de produção (GIP), utilizando o *Activity Based Costing* (método ABC).

No mês de junho/N, após repartição dos gastos indiretos pelas diversas atividades, obteve-se o valor de 42.000€ respeitante à atividade "Arranque de máquinas", cujo indutor de custos é n.º de *setups* desenvolvidos por esta atividade.

Sabe-se que no mês em análise, o produto R originou um total de 40 setups, tendo os produtos C e T originado 60 e 20 setups, respetivamente.

No mesmo período, foram produzidas 2.000 unidades de R, 6.000 unidades de C e 2.500 unidades de T.

Pedido:

Com base na informação fornecida, determine o montante total de custos da atividade "Arranque de máquinas" a imputar a cada um dos produtos.

Exercício 130 **DUSTRI**

A empresa industrial DUSTRI, S.A. dedica-se à produção de dois produtos, Produto D e Produto R. Para apurar os respetivos custos, a empresa recorre ao sistema custeio ABC para repartir os custos com mão-de-obra e gastos indiretos de produção, pelos produtos fabricados. Na primeira fase deste método, a empresa identificou as seguintes atividades necessárias à fabricação dos produtos D e R: Preparação e arranque das máquinas; Maquinação; Acabamento; e Controlo de Qualidade.

O *controller* da empresa facultou as seguintes informações respeitantes ao mês de janeiro/N:

- Inventários iniciais de produtos acabados:

Produtos	Quantidade	Valor
Produto D	250 un.	17.500 €
Produto R	500 un.	45.000 €

- Custo das atividades e indutores associados a cada atividade:

Atividades	Custos	Indutores de Custo
Preparação e arranque das máquinas	25.200 €	24.000 setups
Maquinação	102.750 €	120.000 horas Máquina
Acabamento	50.000 €	5.000 horas Homem
Controlo de Qualidade	12.500€	500 inspeções

- Quantidades fabricadas: 1.000 unidades de Produto D e 2.000 unidades de Produto R.
- Quantidades vendidas: 1.100 unidades de Produto D e 2.000 unidades de Produto R.

- Os consumos do indutor de custo da atividade Controlo de Qualidade, pelas atividades Maquinação e Acabamento foram de 450 inspeções e 50 inspeções, respetivamente.
- Consumo de matérias e de indutores por unidade de produto fabricado:

Produtos	Matérias	N.º de setups	Horas Máquina	Horas Homem
Produto D	12 €	14	10	3
Produto R	20 €	5	55	1

Pedido:

Determine o custo de produção dos produtos vendidos, sabendo que a empresa utiliza o FIFO para valorizar as saídas de inventários.

Exercício 131 **Castelar**

Considere a seguinte informação, verificada no período N e respeitante à empresa Castelar, S.A., que fabrica os produtos P e C:

- O preço de venda foi 40€ para o produto P e 50€ para o produto C;
- A taxa horária da Mão de Obra Direta foi de 6,5€.
- Foram produzidas 1.500 unidades de P e 500 unidades de C;
- O custo total das matérias-primas consumidas para produzir os produtos P e C foi de 7.025€ e 1.500€, respetivamente;
- Registaram-se 2 horas de Mão de Obra Direta por cada unidade produzida de P e de 4 horas por cada unidade produzida de C;
- Os outros gastos incorridos pela empresa, neste período, totalizaram 13.380€, tendo sido repartidos pelas atividades, da seguinte forma:

Atividades	**Gastos**	**Indutores (cost drivers)**	
		Produto P	**Produto C**
Preparar a produção	2 550 €	10 setups	20 setups
Produzir	4 750 €	12.000 Hm	5.000 Hm
Controlar a qualidade	1 200 €	100% do trabalho destina-se à atividade Produzir	
Vender e Distribuir	1 800 €	1 300 unid.	500 unid.
Administrar/Contabilizar	3 080 €	Valor da Faturação	

Atividades	Gastos	Indutores (cost drivers)	
		Produto P	Produto C
Preparar a produção	2 550 €	10 setups	20 setups
Produzir	4 750 €	12.000 Hm	5.000 Hm
Controlar a qualidade	1 200 €	100% do trabalho destina-se à atividade Produzir	
Vender e Distribuir	1 800 €	1 300 unid.	500 unid.
Administrar/Contabilizar	3 080 €	Valor da Faturação	

Pedido:

Calcule o custo de produção unitário de cada um dos produtos, no período N.

Exercício 132 **Clinica Médica XYZ**

Suponha que a Clinica Médica XYZ, na parte do internamento (secção principal) presta dois serviços diferentes a dois tipos de utentes: Serviço A e Serviço B.

Cada um destes serviços é composto por dois tipos diferentes de tratamentos, com numeração sequencial: tratamento 1 e 2 para o Serviço A; tratamento 3 e 4 para o Serviço B.

Estão definidas sete atividades auxiliares (três atividades de Meios complementares de diagnóstico e terapêutica, e as atividades de Anestesiologia, Bloco operatório, Cirurgia experimental e Serviços farmacêuticos).

O serviço A é o mais habitual sendo prestado em grande número ao longo dos 12 meses do ano; o serviço B é um serviço mais específico e complexo prestado a utentes com patologias raras sendo prestado em menores quantidades do que o serviço A.

Considere a seguinte informação adicional, referente ao primeiro semestre de ano N:

Detalhes	Serviço A	Serviço B
Tratamentos	Tratamento 1 e 2	Tratamento 3 e 4
Volume serviços anuais	3000 serviços/utentes	1500 serviços/utentes
Horas de MOD	250 000 Hh	100 000 Hh

Custos indiretos (dos serviços) referentes aos exames pedidos pelo departamento de internamento: (*)

Meios complementares de diagnóstico e terapêutica	
Anatomia Patológica	25 000 €
Patologia Clínica	30 000 €
Imagiologia	20 000 €
Anestesiologia	100 000 €
Bloco operatório	75 000 €
Cirurgia experimental	125 000 €
Serviços farmacêuticos	150 000 €
Total	525 000 €

(*) deve considerar-se que constituem agrupamentos homogéneos de custos de atividades.

Análise dos Indutores de Custos:

Atividades/Gerad. Custos	**Indutores de Custos Volume de exames realizados no semestre por tipo de tratamento**				
	Trat. 1	Trat. 2	Trat. 3	Trat. 4	Total
Anatomia Patológica	25	25	50	100	200
Patologia Clínica	175	125	150	300	750
Imagiologia	25	25	75	125	250
Anestesiologia	100	100	200	400	800
Bloco operatório	50	50	100	100	300
Cirurgia experimental	75	75	10	40	200
Serviços farmacêuticos	250	200	1.000	1 050	2 500

Pedidos:

Calcule os custos indiretos dos serviços (total e unitário), utilizando:

1. O método tradicional de custeio (coeficiente de imputação com base no n.º de horas de MOD);
2. O método de Custeio Baseado nas Atividades (ABC).

Exercício 133 **Sociedade Industrial das Beiras**

A Sociedade Industrial das Beiras produz os produtos Alfa e Gama. O produto Alfa é o mais complexo dos dois produtos, sendo necessárias duas horas e meia de Mão-de-obra direta por unidade produzida enquanto para o produto Gama é necessária apenas uma hora. Cada hora de Mão de Obra Direta custa à empresa 8 €.

No mês de novembro/N, a empresa estima produzir 10 000 unidades do produto Alfa e 20 000 unidades do produto Gama.

A empresa utiliza o Custeio Baseado nas Atividades (método ABC) e distribuiu os gastos mensais pelas atividades desenvolvidas e quantificou a repartição da atividade mensal pelos produtos, da seguinte forma:

Atividades	**Custos**	**Atividade por produto**	
		Produto Alfa	Produto Gama
Arranque das máquinas	180 000 €	600 Setups	1 200 Setups
Maquinação	40 000 €	400 Hm	100 Hm
Acabamento	93 500 €	10 200 Hh	6 800 Hh
Controlo de qualidade	138 000 €	700 inspeções	800 inspeções
Apoio a clientes	25 000 €	200 atendimentos	300 atendimentos

Pedido:

Determine o custo de transformação unitário de cada produto.

Exercício 134 **CACSI**

Suponha a empresa CACSI que produz os produtos A e B, tendo suportado no passado mês, 500 000 € de Gastos Indiretos de Produção (GIP) fixos.

Atualmente a empresa faz a imputação dos GIP fixos com base no valor da MOD, sendo que nesse período a empresa gastou 100 000 € de MOD (35% para A e o restante para B).

Estando a considerar a possibilidade de adotar um método de Custeio Baseado nas Atividades (CBA), a empresa definiu as seguintes atividades e respetivos indutores de custos:

Atividades	Custos	Indutores de Custos	Consumos	
			Produto A	Produto B
Setups	30 000 €	N.º arranques	15	5
Produção	300 000 €	Horas MOD	35 000 h	65 000 h
Pintura	90 000 €	N.º unidades	3 000	2 000
Embalagem de encomendas	80 000 €	N.º de encomendas	15	5

Pedidos:

Calcule os GIP a imputar a ambos os produtos:

1. De acordo com o método dos coeficientes de imputação;
2. De acordo com o método ABC.

Exercício 135 **Produtt**

A empresa Produtt é uma empresa fabricante de dois Produtos com caraterísticas diferentes: SUPERIOR e REGULAR. A empresa tem utilizado para apuramento dos custos de produção dos seus produtos um sistema tradicional, onde a imputação dos custos indiretos é feita através de um coeficiente global. A administração está a estudar uma mudança neste método, pretendendo avançar para a utilização do método ABC. Contratou uma empresa de consultoria para efetuar uma análise aos processos, às atividades e ao seu custo. Essa empresa reuniu várias informações que se apresentam de seguida relativamente ao ano N.

- Quantidades produzidas e custos diretos unitários

Produtos	Quantidade (unid.)	Materiais	MOD	
		Valor unit.	Taxa horária	Horas por unidade
SUPERIOR	4 000	45 €	32,50 €	2,0
REGULAR	10 000	28 €	30,00 €	1,5

- A empresa tem utilizado como base de imputação dos custos indiretos de produção as horas máquina.
- Foram identificadas as seguintes atividades, determinados os custos das atividades e identificados os *cost-drivers* associados a cada atividade:

Atividades	**Valor**	***Cost-drivers***
Preparação das máquinas	20 700 €	Horas de preparação
Manuseamento de materiais	28 000 €	Lotes de produção
Inspeção	4 400 €	Horas de inspeção
Design industrial	30 900 €	Alterações dos desenhos
Operação das máquinas	120 000 €	Horas máquina (Hm)
Serviços de comercialização e administração	6 000 €	N.º de faturas

- *Cost-drivers* por produto:

Produtos	**Horas de preparação**	**Lotes de produção**	**Horas de inspeção**	**Alterações dos desenhos**	**Hm**	**N.º de faturas**
SUPERIOR	200	300	700	80	8 000	2 000
REGULAR	100	100	300	20	32 000	3 000

Pedido:

Com base nos dados apresentados, calcule o custo de produção unitário de cada um dos produtos, usando, para imputar os Gastos Indiretos de Produção:

1. O método tradicional de custeio;
2. O método ABC.

Exercício 136 **Transformadora**

A empresa Transformadora FST produz três produtos: o produto F, o produto S e o produto semiacabado T que é vendido a uma empresa da região do mesmo setor de atividade. Os produtos consomem diferentes matérias e componentes pelo que é possível identificar as ordens de compra destes materiais com os respetivos produtos.

- A empresa adota o método ABC distribuindo os custos de transformação pelas seguintes atividades:

ATIVIDADES	**Custos Diretos de Transformação orçamentados** (ano N)	**Indutores de custo (*Cost Driver*)**
Ordens de Compra	36 000,00 €	450 Ordens
Armazenagem e distribuição de materiais	50 000,00 €	250 000 Peças manuseadas

ATIVIDADES	Custos Diretos de Transformação orçamentados (ano N)	Indutores de custo (*Cost Driver*)
Arranque das máquinas	102 606,40 €	968 Arranques *(Setups)*
Operação das máquinas	133 351,60 €	1 800 Horas máquina
Manutenção fabril	53 242,00 €	1 400 Horas homem

- A atividade de Manutenção é uma atividade auxiliar, de suporte ao funcionamento das atividades de Arranque e Operação de máquinas, prevendo-se que 80 % da sua atividade seja para o arranque das máquinas e o restante para a operação de máquinas.
- Para o ano N, a empresa estima produzir 14 720 unidades do produto F, e 30 125 unidades do produto S e 5 050 unidades do produto semiacabado T.
- Consumo esperado das atividades por produto:

Atividades	Produto F	Produto S	Prod. Semiacabado T
Ordens de Compra	250 Ordens	150 Ordens	50 Ordens
Armaz. distrib. materiais	120 000 Peças	80 000 Peças	50 000 Peças
Arranque das máquinas	400 Arranques	350 Arranques	218 Arranques
Operação das máquinas	1 000 Horas máq.	500 Horas máq.	300 Horas máq.

Pedido:

Determine o custo orçamentado de transformação (unitário) de cada produto.

Exercício 137 **Contfisca**

A empresa Contfisca é um gabinete que utiliza o método ABC para apurar os custos indiretos de produção dos serviços de contabilidade e fiscalidade que presta aos seus clientes.

Do levantamento das atividades desenvolvidas, efetuado pelo responsável pelo gabinete, escolhidos e apurados os respetivos *cost driver* e atribuídos/imputados os gastos do mês de março resultaram os dados constantes da tabela seguinte:

Atividades	*Cost Driver*		Gastos das atividades
	Tipo	**Número**	
Receção de documentos	Número de receções	48	288 €
Separação e conferência de documentos	Número de documentos	30 000	1 500 €
Classificação dos documentos	Numero de documentos	25 000	2 500 €
Registo dos lançamentos contabilísticos	Número de registos	25 000	2 000 €
Preenchimento e entrega das declarações fiscais e para fiscais	Número de declarações	120	840 €
Preparação indicadores mensais e explicação dos mesmos à gestão das empresas	Número de clientes	?	1 200 €

A Contfisca estabeleceu a regra dos clientes entregarem os documentos da semana anterior na semana seguinte, regra esta que é escrupulosamente cumprida. Assim, neste mês cada cliente fez 4 entregas. Outra das práticas em vigor é fazer uma reunião mensal com cada cliente para informar sobre a sua situação contabilística e fiscal, o que também se verificou.

Durante o mês:

- O cliente A entregou 2 500 documentos, dos quais 2 400 foram classificados e registados;
- O cliente B entregou 5 500 documentos, dos quais 5 000 foram classificados e registados;
- Os restantes documentos foram entregues por outros clientes.
- Foram preenchidas e entregues 12 declarações referentes ao cliente A e 8 referentes ao cliente B.

Pedidos:

1. Calcule, pelo método ABC, o custo dos serviços prestados ao cliente A e ao B.
2. Calcule o valor a faturar ao cliente A e ao cliente B, admitindo que a empresa pratica uma margem bruta de 30% sobre o custo dos serviços prestados.

Exercício 138 **Marketing**

A empresa de publicidade Marketing utiliza o método tradicional de custeio e está a analisar a possibilidade de mudar para o método ABC. Os dados de produção previstos para o 1.º semestre de N são os seguintes:

Rúbricas	Valor
Gastos diretos com pessoal (MOD)	880 000 €
Gastos indiretos de produção	440 000 €

Atualmente os gastos indiretos são imputados aos trabalhos de publicidade com base no valor da MOD e o preço de venda é estabelecido com uma margem de 30% sobre o custo de cada trabalho.

A análise prévia à implementação do método ABC permitiu identificar cinco atividades, cuja informação prevista para o primeiro semestre de N, consta do quadro seguinte:

Atividades	Cost drivers	Custo 1.º semestre	Quantidade de Cost drivers
Gestão e Administração	Horas de gestão	30 000 €	2 500
Sistemas de informação	Horas de sistema	150 000 €	1 000
Pessoal administrativo	Horas de pessoal	100 000 €	12 500
Impressão	N.º de páginas impressas	125 000 €	250 000
Comunicações	N.º de chamadas	35 000 €	17 500
Total		440 000 €	

Para testar a aplicação do método ABC, a empresa deseja analisar o seu efeito num novo trabalho, MARKT X, que consome 500 € em materiais, utiliza 5 000 € de MOD e cuja utilização das atividades é a seguinte:

Atividades	Cost drivers	Utilização
Gestão e Administração	Horas de gestão	20 horas
Sistemas de informação	Horas de sistema	15 horas
Pessoal administrativo	Horas de pessoal	200 horas
Impressão	N.º de páginas impressas	1 750 páginas
Comunicações	N.º de chamadas	150 chamadas

Pedidos:

1. O cálculo do custo e do preço de venda do trabalho MARKT X, utilizando o método tradicional de custeio.

2. O cálculo do custo e do preço de venda do trabalho MARKT X, utilizando o método ABC.

Exercício 139 **AEE**

A empresa industrial AEE utiliza o método ABC para apurar o custo de produção dos dois produtos, A e E. No mês de dezembro produziu 1000 unidades de A e 2000 unidades de E. Para obter estas produções utilizou as atividades de Preparação e arranque das máquinas e Maquinação.
Custo das atividades e indutores associados a cada atividade:

Atividades	Custo	Indutor de Custo
Preparação e arranque das máquinas	24720 €	Número de Setups
Maquinação	99000 €	Horas Máquina

Consumo de matérias e de indutores por unidade de produto:

Produtos	Matérias	Número de Setups	Horas Máquina
A	12 €	14	10
E	20 €	5	50

Pedido:
Calcule o custo de produção unitário dos produtos A e E.

Exercício 140 **Greenlight**

A Greenlight produz e vende candeeiros. A empresa tem 2 linhas de produtos: Candeeiros Pendentes (CP) e Candeeiros de Secretária (CS). Os candeeiros pendentes são maioritariamente distribuídos por lojas da especialidade que, em geral, apostam num segmento mais elevado. Os candeeiros de secretária estão presentes em grandes superfícies, apostando num segmento mais *low cost*.

Na reunião mensal, o responsável pelo marketing informou que o preço dos candeeiros de secretária, um produto de alto volume de produção, é frequentemente mais alto do que o preço dos concorrentes, e a Greenlight tem tido dificuldade em manter a quota de mercado neste produto.

Após alguma discussão sobre o assunto, o responsável pela contabilidade de gestão informou que atualmente os Gastos Indiretos de Produção (GIP) estão a ser imputados aos produtos fabricados proporcionalmente ao custo com a Mão de Obra Direta (MOD).

Este responsável pela contabilidade pensa que este método de imputação dos GIP não é o mais adequado e que pode estar a sobrevalorizar os custos dos candeeiros de secretária. Assim, propõe a utilização de um método de custeio alternativo baseado no consumo de recursos pelas atividades e destas pelos produtos (método ABC).

O quadro seguinte apresenta os custos de produção, por unidade de produto, para o ano N, em que se produziram 5 000 candeeiros CP e 25 000 candeeiros CS:

Produtos	Materiais	MOD	Consumo de Horas-Máquina	Consumo de peças por candeeiro	Consumo de Horas de Inspeção
CP	30 €	10 €	0,2 Hm	20 peças	1,6 Hi
CS	10 €	5 €	0,12 Hm	5 peças	0,08 Hi

Para o mesmo ano, os custos das Atividades fabris identificadas foram os seguintes:

Atividades	*Cost-drivers*	Valor
Produção de Peças	Horas Máquina (Hm)	200 000 €
Montagem	N.º de Peças	225 000 €
Inspeção	Horas de Inspeção (Hi)	125 000 €

Pedidos:

Utilizando o método de Custeio Baseado nas Atividades (ABC), proposto pelo contabilista de gestão, calcule o custo unitário de produção dos candeeiros de secretária (CS).

Exercício 141 **Massa Pronta**

A Massa Pronta Lda. dedica-se à produção industrial de massa folhada e quebrada.

1. O processo produtivo decorre na Fabrica e compreende três centros de atividades principais: preparação da massa, moldagem, embalagem e uma atividade auxiliar:

   I – Preparação da massa: farinha, manteiga e água são misturadas e amassadas por forma a obter a consistência desejada. As quantidades de farinha e manteiga, o processo de fabrico e o tempo de amassamento fazem surgir dois tipos de massa diferentes: Massa Folhada e Massa Quebrada, seguindo-se um período de descanso antes da passagem à atividade seguinte: moldagem.
   II – Moldagem: as massas são estendidas, com recurso a máquinas, e cortadas em forma de círculo ou retângulo, consoante as especificações das ordens de produção. As sobras de massa são esticadas novamente, pelo que não há perdas de peso neste processo. Este centro de atividades inclui as atividades Programação das Máquinas e Esticar e Cortar a Massa.
   III – Embalagem – os círculos ou quadrados são enrolados, em papel vegetal, e introduzidos em caixas de papel apropriadas.
   IV – Faz ainda parte da produção uma atividade de manutenção que se encarrega da reparação das avarias de todas as máquinas industriais e das revisões/vistorias preventivas às mesmas.

2. Custos/gastos das atividades de produção e dos Serviços Administrativos e Comerciais:

Atividades	**FSE**			**Deprecia-ções (4)**	**Gastos c/ Pessoal (5)**
	Energia (1)	**Água (2)**	**Outros FSE (3)**		
Preparação	5 400,00 €	1 140,00 €	6 747,50 €	3 375,00 €	6 400,00 €
Programação das máq.	0,00 €	0,00 €	561,00 €	0,00 €	800,00 €
Esticar/cortar	7 200,00 €	0,00 €	8 120,00 €	4 500,00 €	0,00 €
Embalagem	4 500,00 €	0,00 €	4 512,50 €	4 239,50 €	8 000,00 €
Manutenção (6)	900,00 €	0,00 €	1 130,00 €	562,50 €	800,00 €
Serv. Adm. e Comerc.	2 000,00 €	60,00 €	2 500,00 €	1 250,00 €	5 000,00 €
Total de Gastos	20 000,00 €	1 200,00 €	23 571,00 €	13 927,00 €	21 000,00 €

(1) Apenas 20% do custo da energia referente às atividades industriais é custo fixo.
(2) A água consumida no processo produtivo é um custo direto dos produtos, tendo sido gastos 912 € na massa folhada e 228 € na massa quebrada.

(3) Custos totalmente fixos.
(4) A empresa utiliza o método das quotas constantes.
(5) Para além destes Gastos com Pessoal respeitantes aos salários mensais (de natureza fixa), houve a necessidade de contratar horas extraordinárias para a atividade de Embalagem no montante de 1000€.
(6) Para além dos gastos apresentados no quadro anterior, a atividade Manutenção registou gastos (variáveis) de 410,625 €, respeitantes a consumo de materiais diversos.

3. Atividades e respetivos *cost drivers*:

Atividades	Cost Drivers
Preparação	Horas-máquina (Hm)
Programação das máquinas	N.º de *setups*
Esticar/cortar	Hm
Embalagem	Número (unidades) de Produtos
Manutenção	Horas-Homem (Hh)
Serv. Administrativos e Comerciais	Repartem-se 50% para cada produto.

4. Os custos das embalagens consumidas são de 0,03€ para cada embalagem. O peso líquido da embalagem de massa retangular é de 250 gramas e da embalagem de massa circular é de 200 gramas.
5. No último mês verificaram-se as seguintes quantidades produzidas:

Produtos	Quantidades Produzidas
Massa Folhada (formato retangular)	69 960 Kg
Massa Quebrada (formato circular)	38 040 Kg
Total	108 000 Kg

6. Repartição das Atividades

	Massa Folhada	Massa Quebrada	Manutenção
Preparação	583 Hm	317 Hm	12 Hh
Programação das máquinas	250 Setups	120 Setups	24 Hh
Esticar/cortar	650 Hm	410 Hm	34 Hh
Embalagem	?	?	50 Hh

7. A atividade de Preparação tem capacidade para produzir 150 kg de massa por hora e produziu, em média, 120 kg por Hm. A Moldagem e a Embalagem estiveram no máximo de produção e a manutenção esteve a 75% da sua capacidade.
8. Inventários em 01 do mês corrente

	Quantidade	Custo Unitário	Valor
Farinha	20 000 kg	0,40 €	8 000 €
Manteiga	12 000 kg	5,00 €	60 000 €

9. Compras de Matérias-primas neste mês

	Quantidade	Custo Unitário	Valor
Farinha	30 000 kg	0,42 €	12 600 €
Manteiga	20 000 kg	5,50 €	110 000 €

10. Consumos por kg de massa

	Massa Folhada	Massa Quebrada
Farinha	400 g	500 g
Manteiga	350 g	250 g

Pedidos:

Considerando o Custo Médio Ponderado como critério valorimétrico das saídas de inventários, o Sistema de Custeio Total Racional para valorização de inventários e o Custeio Baseado nas Atividades como método para repartir os custos indiretos de transformação:

1. Calcule os custos dos *cost drivers* de cada uma das atividades.
2. Calcule o custo unitário da produção acabada, por embalagem, da massa quebrada e da massa folhada (valor arredondado a duas casas decimais)

CAPÍTULO IV
–
CUSTOS DE PRODUÇÃO E REGIMES DE FABRICO

4.1. Método Direto

Exercício 142 **ZULAX**

No mês de setembro/N, a empresa ZULAX continuou a produção da ordem de fabrico X5, que tinha sido iniciada em agosto e cujo custo em 31 de agosto era de 2.000€.

Em setembro foram requisitados ao armazém, para esta ordem de fabrico, 40 chapas de zinco, de 2 m2/cada, a 26€ por unidade (chapa).

Foram ainda aplicadas no mês de setembro, nesta ordem de fabrico, 180 horas de operário.

As taxas teóricas de MOD e de GIP, definidas para o ano N, são de 8€/Hh e 10€/Hh, respetivamente.

Pedido:

Determine o custo de produção da ordem de fabrico X5 no final do mês de agosto.

Exercício 143 **TYfabril**

A TYfabril, S.A. desenvolve a sua produção de acordo com as encomendas de clientes. No cálculo do custo de produção de cada encomenda, a empresa imputa os gastos indiretos de produção com base nos custos diretos, mediante um coeficiente teórico de 0,75€ por cada 1€ de custos diretos.

Durante o mês de fevereiro/N, a empresa registou os seguintes elementos:

- Foram requisitados ao armazém de matérias-primas, para a encomenda AAZ, 750 metros de perfil, cujo custo unitário foi de 16€/metro;
- Registaram-se 220 horas de trabalho dos operários, na produção da encomenda AAZ, cujo custo médio unitário foi de 22€/hora;
- Registaram-se 12.430€ de gastos indiretos de produção.

Pedido:

Determine o custo de produção da encomenda AAZ.

Exercício 144 **RENONA**

A RENONA, Lda. segue um regime de fabrico que implica a utilização do custeio direto, ou custeio por ordem de produção, no processo de cálculo de custos e valorização dos inventários da produção. A empresa distribui os gastos indiretos de produção (GIP), pelos diversos produtos fabricados, recorrendo ao método de imputação de base única e utilizando as horas-máquina como base para esta imputação.

A 31 de dezembro do ano N-1, efetuaram-se as seguintes estimativas para o ano N:

- Total de gastos indiretos de produção: 2.090.000€
- Horas máquina (Hm): 95.000 Hm
- Taxa horária da Mão de Obra Direta (MOD): 10,50€

Os registos que constavam nas folhas de obra, no dia 30 de junho/N, são os seguintes:

N.º de Ordem	Inventários Iniciais (PVFi)	Registos dos dados reais do mês de junho		
		Materiais Diretos	Horas de MOD (Hh)	Hm
54	115.000 €	10.400 €	825	175
55	64.000 €	2.500 €	1.155	35
56	-	105.600 €	3.520	3.290

No final de junho/N, todas as ordens de produção, com exceção da ordem 56, tinham sido concluídas. No entanto, apenas a ordem de produção 54 tinha sido faturada e enviada para o cliente, o que aconteceu no dia 15 de junho/N.

Os gastos reais de junho/N, com MOD e GIP, foram apenas conhecidos a 20 de julho/N e correspondem aos seguintes montantes: 57.200€ (MOD) e 78.050€ (GIP).

Pedido:

1) Efetue o cálculo da produção vendida no mês de junho, considerando a informação disponível à data.
2) Determine e classifique as diferenças de imputação referentes à MOD e aos GIP.
3) Calcule o custo dos inventários de produtos acabados, no final de junho, corrigido de eventuais diferenças de imputação (de MOD e de GIP), considerando que a empresa tem por norma ratear essas diferenças.

Exercício 145 **FFR & Associados**

A FFR & Associados é uma firma de Auditoria que adota um método de custeio por serviço prestado para obter um adequado registo sobre os custos de cada trabalho realizado. Para apurar o custo de cada serviço, a empresa reparte os custos em duas grandes rubricas: trabalho direto dos auditores (MOD) e Gastos Indiretos de Produção (GIP) relativos a todo o trabalho de levantamento, pesquisa e tratamento da informação. O custo com pessoal (MOD), é decomposto em duas taxas horárias diferenciadas, consoante o volume de trabalho seja afeto a Auditores Seniores ou Auditores Juniores.

Para fazer a imputação dos gastos indiretos a cada serviço de auditoria, a empresa utiliza uma taxa predeterminada baseada no volume total de trabalho direto dos Auditores Seniores. Para o ano N a empresa fez uma previsão de 5 000 horas de volume de trabalho de Auditores Seniores.

Relativamente às estimativas de outro tipo de custos para o ano N, obtiveram-se os seguintes elementos:

- Gastos indiretos associados aos serviços de auditoria (GIP): 75 000 €;
- Gastos comerciais e administrativos: 92 500 €;

Dos vários serviços de Auditoria que ocorreram durante o ano N, extraiu-se da Contabilidade da Empresa os registos relativos a três deles: AU-225, AU-15 e AU-175. Destes três serviços o AU-225 transitara do ano anterior com custos acumulados tendo sido concluído e faturado por 8 000€, enquanto os outros dois tiveram início em N, sendo que apenas o AU-15 foi concluído e faturado por 4 000 €. O serviço AU-175 era o único serviço da empresa que não estava concluído à data de 31/12/N. Os dados reais relativos a estes três serviços são os que se seguem:

Descritivo / Serviço	**AU-225**	**AU-15**	**AU-175**
Custo Acumulado em 31/12/N-1 (Inventário Inicial de PVF)	850 €	-	-
Volume de trabalho (Horas de MOD):			
– Horas de Auditores Seniores (Hh)	50	25	40
– Horas de Auditores Juniores (Hh)	180	115	200

Pedidos:

1. Apure a taxa pré-determinada de imputação de GIP para o ano N.
2. Apure o custo de produção dos três serviços dos quais se obtiveram registos (antes do tratamento de eventuais diferenças de imputação). Para o efeito considere a taxa horária média de MOD dos Auditores Seniores de 40 € e dos Auditores Juniores de 20 €.
3. Calcule o Custo dos Serviços Prestados o custo dos serviços em curso, no final do período.
4. Imagine que no final do ano teve conhecimento que os Gastos Indiretos de Produção (GIP) reais foram de 79 500 €, enquanto o volume real de MOD de Auditores Seniores foi de 5 500 horas. Apure e classifique eventuais diferenças de imputação de GIP no ano N.

Exercício 146 **Tecnocentro**

A Tecnocentro efetua testes automáticos de equipamentos. A empresa usa o método direto para apuramento dos seus custos de produção e aplica os Gastos Indiretos de Produção na base das horas máquina. No início do ano, os Gastos Indiretos de Produção estimados eram de 1 960 000€ e as horas máquina estimadas eram de 98 000. Os dados de janeiro relativos às várias ordens de produção da empresa são apresentados a seguir:

N.º de Ordem	Inventários Iniciais	Materiais Diretos	Mão-de-obra Direta	Horas Máquina
107	118 600 €	4 000 €	8 400 €	150
211	121 450 €	2 500 €	12 160 €	300
108	21 800 €	86 400 €	36 650 €	3 100
205	34 350 €	71 800 €	32 175 €	2 700
115	-	18 990 €	21 845 €	1 400

No final de janeiro, todas as ordens de produção, com exceção da 115, foram concluídas e todas as ordens de produção concluídas foram entregues aos clientes, exceto a ordem 205.

Os Gastos Indiretos de Produção reais do mês de janeiro foram de 157 000 €.

Pedidos:

1. Considerando que a empresa utiliza o método dos coeficientes pré-determinados para repartir os Gastos Indiretos de Produção, Calcule o Custo de Produção de cada uma das ordens de produção;
2. Determine o valor dos inventários finais de produtos acabados e em curso, do mês de janeiro.
3. Determine e classifique eventuais diferenças de imputação de Gastos Indiretos de Produção.
4. Proceda ao tratamento contabilístico do saldo da conta de Gastos Indiretos de Produção, apresentando as duas alternativas mais usuais para este tratamento.

Exercício 147 **Gráfica do Centro**

A Gráfica do Centro, Lda. dedica-se à execução de trabalhos de impressão e encadernação de livros para editoras. No início de março do ano N encontravam-se em curso de fabrico as ordens de produção (OP) 12 e 13 e, durante o referido mês deu-se inicio às ordens de produção 14, 15 e 16. A OP 14 e a OP 15 foram dadas como concluídas em março, tendo sido vendida a OP 14, enquanto a OP 15 só viria a ser vendida em abril. A OP 16 só viria a ser concluída também em abril.

Os custos incorporados nas OP 12 e OP 13 ascendiam, em 28/02/N, a de 10 000 € e 12 000 €, respetivamente, tendo as duas sido concluídas e faturadas em março/N.

A empresa imputa os gastos de transformação com base nas horas de MOD, utilizando coeficientes pré-determinados. .

A atividade e os gastos, previstos e reais, de março foram os seguintes:

	Dados Previstos	**Dados Reais**
MOD	8 000 €	9 240 €
GIP	12 000 €	12 900 €
Horas de MOD	2 000 Hh	1 845 Hh

Ao longo do mês de março, foram incorporados às ordens de produção (OP) os seguintes custos de produção (Custo das Matérias-Primas Consumidas) e horas de MOD:

	OP 12	**OP 13**	**OP 14**	**OP 15**	**OP 16**
CMPC	5 000 €	6 000 €	7 500 €	5 500 €	4 000 €
Horas de MOD	400 Hh	400 Hh	476 Hh	369 Hh	200 Hh

Pedidos:

Sabendo que a faturação aos clientes é efetuada acrescendo ao custo de produção uma margem de 35% sobre esse custo, determine para o março/N:

1) O custo dos produtos vendidos.
2) O valor dos inventários finais de produção em vias de fabrico.
3) O valor dos inventários finais de produção acabada.
4) O resultado bruto das vendas, ignorando eventuais diferenças de imputação.
5) O valor das diferenças de imputação de MOD e GIP durante o mês de março.
6) Assumindo que a empresa procede ao rateio das diferenças de imputação de GIP e de MOD, pela totalidade da produção de cada período, indique a correção a efetuar no valor dos inventários finais de produção acabada.

Exercício 148 **Metalomecânica**

Determinada empresa do ramo da Metalomecânica contrata encomendas com os clientes a que faz corresponder internamente uma ordem de produção (OP). No mês de outubro de N, a empresa lançou em fabrico as ordens de produção n.ºs 123, 124 e 125, sendo que as duas primeiras foram terminadas e faturadas e a última não foi concluída nesse período.

Do mês anterior havia transitado em fabrico as encomendas n.ºs 120 e 121, que tinham custos incorporados de 8 250 € e 10 230 €, respetivamente, tendo apenas a última sido concluída, mas não faturada em outubro.

Relativamente ao mês de outubro, conhecem-se os seguintes elementos para cada uma das OP:

	Matérias-Primas	Horas de MOD
OP 120	8 000 €	2 200 Hh
OP 121	5 000 €	1 600 Hh
OP 123	16 000 €	6 000 Hh
OP 124	13 000 €	3 000 Hh
OP 125	11 000 €	1 000 Hh

Sabe-se ainda que a empresa utiliza taxas pré determinadas para imputar os custos da MOD e os custos indiretos de produção às ordens de fabrico e que as previsões para o ano N eram as seguintes:

Custos Totais de MOD: 2 500 000 €	N.º Horas de MOD: 500 000 Hh
GIP: 1 500 000 €	Base Imputação : Hh

Pedidos:

1. Calcule o custo da produção acabada.
2. Calcule o valor da produção em vias de fabrico no final do período.
3. Calcule o custo dos produtos vendidos.
4. Calcule o valor dos inventários finais de produtos acabados.
5. Sabendo que os Gastos Indiretos de Produção atingiram um valor real de 50 000 € no mês de outubro, calcule e classifique eventuais diferenças de imputação dos Gastos Indiretos de Produção.
6. Determine o preço de venda a praticar para a OP 123, sabendo que a empresa pretende obter uma margem bruta de 60% sobre o preço de venda, admitindo que a empresa não corrigiu as diferenças de imputação.

Exercício 149 **Solmóvel**

A Empresa Solmóvel, Lda. é uma pequena empresa que se dedica à produção de móveis por encomenda. Tendo em conta o tipo de atividade, a empresa adota um método de custeio por ordens de produção para apurar o custo de cada encomenda. Esta é uma atividade com grande intensidade de Mão de Obra Direta (MOD). Assim, as Horas de MOD são a base elegível para imputar os Gastos Indiretos de Produção (GIP) através de uma taxa pré-determinada no início de cada ano.

Relativamente aos custos com a MOD, a empresa utiliza uma taxa horária média (predeterminada) para imputar os custos com os seus trabalhadores. Para o ano N o valor dessa taxa foi de 12,5 € por Hh de MOD.

Relativamente a outras estimativas e valores reais para o ano N, conhecem-se os seguintes elementos:

Descritivo	**Valores previstos**	**Valores reais**
Gastos indiretos de produção	80 000 €	100 000 €
Gastos administrativos	11 000 €	10 500 €

Descritivo	Valores previstos	Valores reais
Gastos de distribuição	18 000 €	22 500 €
Gastos de financiamento	800 €	816 €
Horas de MOD anuais	20 000 Hh	32 000 Hh

A empresa recebeu 3 encomendas no mês de maio desse ano: Enc. E1, Enc. E2 e Enc. E3.

No início do mês de junho, a empresa tinha já iniciado a Enc. E1. Na sua ficha de custos, estavam acumulados 10 000 €. Durante o mês de junho iniciaram-se as duas encomendas, Enc. E2 e Enc. E3, tendo sido concluídas as encomendas Enc. E1 e Enc. E2. Apenas a Enc. E1 foi faturada.

Os dados de junho do ano N relativos a cada encomenda são os que se seguem:

Descritivo / Obras	Enc. E1	Enc. E2	Enc. E3
Materiais aplicados	20 000 €	30 000 €	25 000 €
Volume de trabalho aplicado (Hh de MOD)	200 Hh	550 Hh	250 Hh

Pedidos:

1. Apure a taxa pré determinada de imputação de GIP para o ano N.
2. Apure o custo das encomendas acabadas e o valor da produção em curso final de junho/N.
3. Sabendo que a empresa pratica uma margem bruta de 30% sobre o custo de produção e que os custos não industriais são regulares ao longo dos 12 meses do ano, calcule o Resultado antes de Impostos previsto para o mês de junho, ignorando quaisquer eventuais diferenças de imputação.
4. Considerando que os custos reais registados em junho com GIP e MOD foram, respetivamente, no montante de 3 500 € e 8 400 € e que a empresa procede ao rateio das diferenças de imputação de GIP e de MOD, pela totalidade da produção de cada período, calcule o resultado antes de impostos corrigido.

Exercício 150 **Flyers**

Uma empresa de impressão de *flyers* de publicidade foi contactada para fornecer um orçamento do custo de produção de 50 000 catálogos de 30 páginas (15 folhas)

cada. O processo produtivo obedece a 4 operações: fotografia, montagem, impressão e encadernação.
Cada página do catálogo original requer:

- uma sessão fotográfica individual que custa 80 €.
- 3 horas de trabalho direto na fase de montagem, a um custo de 10 € por hora, sendo os Gastos Indiretos de Produção, nesta fase, imputados à taxa de 8 € por cada hora de trabalho direto.

Na fase de impressão, o custo do papel é de 10 € por cada 1 000 folhas, existindo uma perda de material na ordem dos 4%. Os outros materiais de impressão custam 10 € por cada grupo de 100 catálogos. São impressos 1 000 catálogos por cada hora/máquina. Os gastos de conversão nesta fase são imputados à taxa de 50 € por cada hora/máquina.

Na secção de encadernação a totalidade dos gastos é imputada à taxa de 40 € por cada hora/máquina, sendo encadernados 2 500 catálogos por cada hora/máquina.

A empresa pretende ter uma margem bruta de 30% sobre o custo de produção.

Pedido:

Qual deverá ser o orçamento da encomenda dos 50 000 catálogos?

Exercício 151 **Pintas & Tintas**

A empresa Pintas & Tintas, Lda. dedica-se à pintura de exteriores e interiores. O seu quadro de pessoal é constituído por dois pintores, um aprendiz e uma secretária, que trabalham de segunda a sexta-feira, oito horas por dia.

Os vencimentos auferidos pelos pintores têm uma parte fixa e outra variável (800 € por mês, mais 2 € por hora de trabalho efetivo). O aprendiz tem um vencimento atribuído de 600 €, por mês, e a secretária de 650 €. Os valores mensais já contemplam a quota-parte dos subsídios de Férias e Natal. A empresa utiliza uma única taxa de MOD para fazer a afetação dos custos de MOD às obras.

No final do ano passado (N), a empresa efetuou a estimativa dos custos indiretos de produção para o ano comum N+1, permitindo-lhe calcular uma taxa teórica desses custos de 25 €/hora homem. Para o efeito teve em conta ainda, além dos gastos, 22 dias úteis de férias a que cada um dos trabalhadores tem direito, duas faltas justificadas com direito a retribuição, por cada trabalhador, e os seguintes feriados:

Dia	Mês	Dia da semana	Comemoração
1	Janeiro	Quinta-feira	Dia de ano Novo
3	Abril	Sexta-feira	Sexta-feira Santa
21	Abril	Domingo	Páscoa
25	Abril	Sábado	Dia da Liberdade
1	Maio	Sexta-feira	Dia do trabalhador
10	Junho	Quarta-feira	Dia de Portugal
20	Junho	Quinta-feira	Corpo de Deus
15	Agosto	Sábado	Assunção de Nossa Senhora
5	Outubro	Sexta-feira	Dia da Implantação da República
1	Novembro	Sexta-feira	Dia de todos os Santos
1	Dezembro	Terça-feira	Restauração da independência
8	Dezembro	Terça-feira	Dia da Imaculada Conceição
25	Dezembro	Sexta-feira	Natal

Esta empresa está sujeita ao pagamento de contribuições para a Segurança Social à taxa de 23,75%, a um prémio de Seguro de Acidentes de Trabalho de 4,25% e ao pagamento de um subsídio de refeição de 4,24 €/dia. A Segurança, Higiene e Saúde no Trabalho são assegurados pela SHSTodos, Lda., cuja avença anual é de 1 652,50 € para todos os trabalhadores.

Prevêem-se pausas no trabalho de uma hora por dia.

A obra FL01 iniciou-se no ano passado, registando custos no início de janeiro no valor de 1 070€.

Durante o mês de janeiro a empresa esteve envolvida nas seguintes obras, apurando para cada uma delas as horas e o consumo de materiais constantes da tabela seguintes

Obra	Equipa de trabalho	Tempo de trabalho registado	Tinta
FL01	Dois pintores e aprendiz	144 Hh	Fornecida pelo cliente
FC01	Dois pintores e aprendiz	64 Hh	Fornecida pelo cliente
PICO1	Dois pintores e aprendiz	160 Hh	Fornecida pelo cliente
VICO2	Aprendiz	16 Hh	150 litros de tinta plástica interiores

A empresa apenas fornece tinta para as obras quando o cliente o solicita. Para o efeito possui normalmente em armazém um pequeno stock. No início do mês, relativamente à tinta plástica para interiores, estavam em inventários 50 litros, a 2,8 €/litro, e neste mês comprou 200 litros, a 2,5 €/ litro. O critério valorimétrico para as saídas de inventários usado é o FIFO.

A obra FCO1 foi a única que não foi faturada ao cliente, por ainda não se encontrar terminada.

Pedidos:

1. Calcule o custo de produção de cada uma das obras acabadas.
2. Calcule a diferença de imputação do mês de janeiro e classifique-a, tendo em conta que os Gastos Indiretos de produção reais do mês foram de 9 700 €.
3. Determine o montante de gastos acidentais de Mão de Obra Direta, admitindo que a taxa anual efetiva de tempos mortos foi de 15%.
4. Calcule a diferença de imputação, para o ano N+1, se os custos indiretos de produção reais dos meses seguintes forem iguais ao mês de janeiro e os tempos mortos efetivos forem de 15%.

Exercício 152 **Alumínios do Litoral**

A Alumínios do Litoral, Lda. é uma empresa cuja atividade consiste na execução de obras de caixilharia de alumínio na área da Construção Civil. Tendo em conta o tipo de atividade, em que cada obra adjudicada tem características diferentes, a empresa adota um método de custeio por ordem de produção para apurar o custo de produção de cada obra executada

Este tipo de obras requer alguma intensidade de Mão de Obra Direta (MOD), razão pela qual as Horas de MOD são a base elegível para imputar os Gastos Indiretos de Produção (GIP) às obras através de uma taxa pré determinada, tendo-se estimado para o Ano N um valor de GIP de 40860€.

Relativamente aos custos com a MOD, a empresa utiliza uma taxa horária média para imputar os custos com os trabalhadores diretos da produção. Relativamente a estes custos com MOD, obtiveram-se as seguintes previsões para o ano N:

- 5 Operários com vencimentos mensais ilíquidos de 970 €, 800 €, 780 €, 750 € e 680 €, respetivamente;
- Taxa de encargos patronais para a Segurança Social: 23,75%;

- Taxa de Seguro de Acidentes de Trabalho e Doenças Profissionais: 5,15%;
- Subsídio de Refeição: 4,5 € / dia;
- Feriados do ano: 12 dias;
- Férias: 22 dias;
- Horário de trabalho: 40 horas semanais em 5 dias / semana;
- Taxa média de tempos mortos: 10 %
- Outros encargos: 2 746,42 €

Relativamente aos perfis de alumínio, a empresa trabalha com diversos tipos de perfis: Branco, Cinza e Neutro.

No mês de janeiro do ano N, obtiveram-se os seguintes elementos reais:

- Inventários, compras e consumos de perfis:

	Branco		**Cinza**		**Neutro**	
	Quant. (metros)	Valor	Quant. (metros)	Valor	Quant. (metros)	Valor
Inventários Iniciais	760	974,40 €	600	930,00 €	300	585,00 €
Compras	12 000	16 200,00 €	10 000	14 500,00 €	5 000	9 250,00 €
Consumo	11 000	?	10 500	?	4 000	?

- Gastos externos de aquisição de Matérias Primas: 2 700 €;
- Custos internos de armazenagem: 5 100 €;
- Gastos indiretos de produção: 7 000 €;
- Mão de Obra Direta: 8 000 €;
- Gastos administrativos: 1 500 €;
- Gastos comerciais: 7 500 €, repartidos pelas obras vendidas, dos quais 60% correspondem à obra P28;
- Gastos financeiros: 1 600 €;
- Iniciaram-se duas obras (P30 e P32) e concluíram-se as obras P28 (que tinha sido iniciada em N-1) e a obra P30;
- A empresa calcula os seus preços de venda utilizando uma margem bruta de 20 % sobre o preço de custo;
- Foram faturadas as obras P28 e P30.
- Os dados reais do mês de janeiro ano N relativos a cada obra são os que se seguem:

Descritivo / Obras	P28	P30	P32
Inventário Inicial de Produção em Curso (€)	2 000	–	–
Matérias-Primas (metros de perfis) aplicadas:			
- Branco	3 000	5 000	3 000
- Cinza	4 000	3 600	2 900
- Neutro	1 900		2 100
Custos c/ outros materiais diretos aplicados (€)	800	700	500
Volume de trabalho aplicado (HMOD)	400	350	250

A empresa reparte os gastos externos de compra pelas 3 matérias em função das quantidades compradas e reparte os gastos internos de armazenagem em função das quantidades consumidas.

A empresa usa o Custo Médio Ponderado como critério de mensuração de saída de inventários.

Pedidos:

Pretende-se que, relativamente ao mês de janeiro do ano N:

1. Calcule a taxa horária média de MOD;
2. Calcule o custo de cada uma das matérias-primas consumidas;
3. Calcule o valor dos inventários finais de matérias-primas;
4. Calcule a taxa pré-determinada de imputação de GIP;
5. Calcule o custo das obras acabadas
6. Calcule o custo da obra em curso;
7. Elabore a Demonstração dos Resultados por Funções e por obra, apresentando as respetivas margens comerciais.

Exercício 153 **Gráfica do Mondego**

A tipografia Gráfica do Mondego, Lda. recebeu um pedido de orçamento para a impressão e encadernação de um livro de fotografias antigas da cidade de Coimbra. Pretende-se editar, numa primeira fase, 600 exemplares desta obra, estando desde já prevista a possibilidade, ainda não confirmada pelo cliente, de edição de mais 600 exemplares no ano seguinte, no caso de a edição atual esgotar.

Cada livro terá 96 páginas, das quais 50% conterão duas fotografias a preto e branco ocupando meia página cada uma e as restantes páginas conterão uma fotografia a cores ocupando a página inteira.

O processo produtivo deste necessário para a elaboração desta encomenda engloba quatro operações distintas: edição das fotografias fornecidas pelo cliente, inserção de texto e paginação, impressão e encadernação.

A empresa calcula o custo das encomendas através do método de Custeio Baseado nas Atividades (ABC), tendo previsto para o ano em causa os seguintes custos unitários das atividades, os quais incluem apenas os custos de conversão ou transformação respeitantes a cada atividade:

Atividades	Indutor de Custos	Custo por indutor
Edição das Fotografias	Número de fotografias editadas	6,0 €
Inserção de Texto e Paginação	Número de páginas	3,5 €
Impressão a preto e branco	Número de páginas	0,2 €
Impressão a duas cores	Número de páginas	0,22 €
Impressão a cores	Número de páginas	0,28 €
Encadernação	Volume da obra (cm^3)	0,003 €

Para além dos custos acima indicados, esta encomenda incluirá ainda custos com o papel, tintas e outros materiais consumidos, no valor de 0,1 € por folha interior, sendo o custo estimado da capa de 1,3 € por livro.

Na fase de impressão existe uma perda normal de 4% das páginas entradas em impressão. Cada livro tem 20 cm de altura por 15 cm de largura e 3 cm de lombada. A empresa pretende uma margem bruta de 30% sobre o valor de venda da encomenda.

Pedidos:

1. Sabendo que a empresa pretende recuperar, através da venda dos primeiros 600 exemplares, a totalidade dos gastos de produção incorridos no ano e ainda obter uma margem bruta de 30% sobre o preço de venda:
   a) Calcule o custo total e unitário da encomenda inicial de 600 exemplares.
   b) Calcule o preço de venda a estabelecer para a encomenda inicial de 600 exemplares.
   c) Calcule o custo total e unitário da eventual encomenda de 600 exemplares adicionais.
   d) Calcule o preço de venda mínimo a estabelecer para a eventual encomenda de 600 exemplares adicionais, admitindo que a empresa pretende manter a margem percentual;

2. Qual seria o impacto no custo unitário de cada encomenda, se fosse eliminada a ineficiência que ocorre na atividade impressão, mantendo o preço de venda?

Exercício 154 **Primavera**

A empresa Primavera dedica-se à decoração personalizada de eventos e não só, utilizando o método direto para apurar o custo de produção dos projetos em que está envolvida.

Os GIP são imputados de acordo com uma taxa pré-determinada tendo por base os custos aplicados da MOD.

No início do mês de abril de N, os seus inventários eram constituídos por:

- Materiais Diretos: 113 000 €
- Projetos em curso (Projeto 1.201): 48 800 €
- Projetos concluídos (Projeto 1.198): 73 000 €

Durante o mês de abril registaram-se os seguintes movimentos:

- Compras de Materiais Diretos: 135 000 €
- Requisições de matérias: – Projeto 1.201: 21 000 €
  – Projeto 1.251: **X**
  – Projeto 1.252: 65 500 €
- Mão de obra direta: – Projeto 1.201: **Y**
  – Projeto 1.251: 150 Hh a 20 €/Hh
  – Projeto 1.252: 70 Hh a 20 €/Hh
- GIP imputados ao Projeto 1.201: 19 000 €
- GIP reais:
  - o Mão de obra indireta: 32 000 €
  - o Depreciações de equipamentos para os projetos: 25 000 €
  - o Renda do armazém dos materiais 6 500 €
  - o Seguros de responsabilidade civil: 11 000 €
  - o Outros GIP: 23 000 €

Sabe-se ainda que:

- Os projetos 1.201 e 1.251 foram concluídos.
- O saldo final da conta de Obras em Curso situa-se nos 93 500 €.
- Os projetos 1.198 e 1.201 foram entregues aos clientes.
- Custo industrial das vendas: **Z**

- No final do mês, após a entrega dos projetos referidos no ponto anterior, o saldo da conta Projetos concluídos ascende a 98 700 €
- Existência final de Materiais Diretos: **W**

Pedidos:

1. Calcule a taxa de imputação dos GIP.
2. Determine os valores das incógnitas X, Y, Z e W.
3. Determine o valor de eventuais diferenças de imputação dos GIP, no período.

Exercício 155 **Carlos Antunes**

Considere uma empresa de metalomecânica Carlos Antunes, Lda., que trabalha por encomenda e que para o mês de abril do ano N apresenta os seguintes elementos:

Encomendas existentes no início do mês: Enc. B1 relativa a vários produtos que se encontram em curso de fabrico, e que regista até 30 de março o valor total de 25 000 €.

Encomendas iniciadas no mês de abril: Enc. B2, Enc. B3 e Enc. B4. Destas apenas a Enc. B1 e a Enc. B3 formam concluídas nesse mês.

A empresa tem um processo produtivo completamente mecanizado no departamento de fabrico, pelo que aqui a sua atividade é medida em Hm. Já no departamento de acabamento as operações são essencialmente executadas por operários, pelo que a atividade é medida em Hh e razão pela qual apenas neste departamento existe MOD.

Tendo em atenção as características do processo produtivo, foi escolhido como critério para imputação dos Gastos Indiretos de Produção (GIP) taxas predeterminadas diferentes em cada um dos departamentos: no departamento de fabrico uma taxa de imputação predeterminada cuja base é o número de Hm e no departamento de acabamento uma taxa cuja base de imputação é o número de horas de MOD (tempo de trabalho efetivo previsto).

A empresa utiliza para imputação dos custos da MOD também uma taxa pré-determinada. Para determinação desta taxa, a empresa utilizou as seguintes informações:

- Vencimentos mensais ilíquidos: 12 trabalhadores com 700 € e 5 com 850 €;

- Taxa de encargos patronais para a Segurança Social: 23,75% (incide sobre os vencimentos mensais ilíquidos);
- Seguros e outros gastos de medicina do trabalho: 8 905,65 €
- Subsídio de refeição: 5,5 € / dia (aplicado aos dias de presença);
- Feriados do ano: 10 dias;
- Férias (media): 22 dias;
- Faltas previstas remuneradas por trabalhador: 2;
- Fins de semana: 104 dias;
- Horário de trabalho: 40 horas semanais em 5 dias/semana;
- Taxa média de tempos mortos: 5%
- Gastos (anuais) com equipamentos de proteção para os trabalhadores: 29 328,40 €.

Previsões para o ano N:

	Fabrico	Acabamento
Custos Indiretos Produção	252 000,00 €	175 970,40 €
Volume de Hm	16 000 Hm	1 500 Hm

Os registos contabilísticos reais da empresa, por obra e relativos a abril foram os seguintes:

	Encomendas				Total
	Enc. B1	Enc. B2	Enc. B3	Enc. B4	
Custo dos Materiais Diretos consumidos	10 000 €	12 200 €	15 000 €	11 500 €	48 700 €
Volume de atividade aplicado:					
Dep. Fabrico (Hm)	100	400	580	1 500	2 580
Dep. de Acabamento (Hh de MOD)	950	1 000	800	1 600	4 350

Pedido:

1. Determine o valor da taxa horária da MOD, no período;
2. Determine o total do Custo das Encomendas Acabadas no mês de abril e o valor das Encomendas em Curso no final do referido período.

Exercício 156 **S. Francisco**

A serralharia S. Francisco fabrica por encomenda produtos em alumínio e ferro, tais como janelas, portas, portões, grades, etc.

No mês de dezembro recebeu várias encomendas, entre as quais uma encomenda de 300 janelas quadradas de 1X1 m, a qual atribuiu o n.º 3054 e outra de 80 grades de ferro cujo número é o 3055.

O processo produtivo para produzir a janela é o seguinte:

A barra de alumínio, com 4m é cortada, dividida em 4 barras de 1m. De seguida, o alumínio cortado é cunhado e unido. O alumínio devidamente unido é depois rasgado para posteriormente ser colocado o fecho. Na montagem, neste alumínio é colocado o vidro que vai ser fixado com 4 vedantes e por fim colocado o fecho.

O processo produtivo para fabricar as grades é o seguinte:

As barras de ferro são cortadas com as medidas pretendidas e soldadas para fazer a grade.

Matérias Primas requisitadas em dezembro e aplicadas nas encomendas n.º 3054 e 3055

Tipo de Matéria prima	Encomenda 3054	Encomenda 3055
Alumínio	4 m por janela	
Ferro		1 500 €
Outras Matérias	82 € por janela	

Inventários Iniciais e Compras do Alumínio:

	Quantidade	Custo Total
Inventários Iniciais	500 m	5 500 €
Compras	1 000 m	11 000 €

Registo das horas de Mão de Obra Direta despendidas nas encomendas 3054 e 3055

	Horas	Custo da Hora
Corte	280 horas na Enc. 3054 200 na Enc. 3055	?
Cunhagem/União e Rasgo	75	5,25 €

	Horas	Custo da Hora
Montagem de vidros	85	5,25 €
Soldadura barras de ferro	120	7,5 €

O pessoal afeto ao corte do alumínio e do ferro são 2 operadores de máquinas e um serralheiro.

O ordenado Bruto mensal de cada operador é de 650 € e do serralheiro é de 750 €.

Os trabalhadores recebem 14 meses por ano.

Todos os trabalhadores recebem subsídio de refeição de 4 € por dia, e trabalham 40 horas por semana.

A empresa encerra no mês de agosto para férias (22 dias úteis).

Para seguro de acidentes de trabalho a serralharia paga 12% sobre os salários.

As questões de Higiene e Segurança de Trabalho estão ao encargo de uma empresa especializada externa, cujo custo anual para a serralharia, por trabalhador, é de 54,85 €.

Os descontos da entidade patronal para a Segurança Social são de 23,75% e dos trabalhadores 11%.

No ano verificam-se 11 Feriados, em dias uteis de trabalho, e não se preveem quaisquer faltas.

Em média, considera-se uma taxa de tempos mortos de 10%.

A previsão dos outros custos industriais para o ano era de 25 200 € e a base escolhida para imputação foram as horas máquina, cuja previsão anual foi de 120 000 horas. As horas máquina reais despendidas com estas encomendas foram 270 na Encomenda n.º 3054 e 240 com a Encomenda n.º 3055.

A empresa utiliza o critério do Custo Médio Ponderado para valorizar as saídas de inventários.

Pedidos:

1. Calcule o custo de produção de cada encomenda.
2. Admitindo que as horas máquina reais foram 115 000 e os outros custos industriais reais foram 24 500 €, calcule e qualifique a diferença de imputação anual dos outros custos de produção.
3. Considerando que neste mês apenas a encomenda 3055 foi faturada e entregue ao cliente com uma margem bruta de 40% sobre o custo de produção, calcule o preço de venda desta encomenda.

Exercício 157 **Simões & Cunha**

A Reparações Simões & Cunha, Lda. dedica-se à reparação de máquinas agrícolas, estando dividida em duas secções (Mecânica e Elétrica). O responsável/supervisor pela Mecânica é o mesmo da Elétrica e aufere um vencimento de 2 500 €, por mês.

O apuramento de custos é efetuado através do método das secções e utiliza taxas pré-determinadas de Gastos Indiretos de Produção para imputação destes gastos às diversas ordens de reparação. Na secção de Mecânica a taxa pré-determinada de Gastos Indiretos de Produção é baseada nas horas de Mão de Obra Direta (Hh) e na secção Elétrica é baseada no número de horas máquina (Hm). Para o ano N, foram efetuadas a seguintes estimativas:

	Mecânica	**Elétrica**
N.º de horas	?? Hh	60 000 Hm
Custos indiretos de produção	48 816 €	1 500 000 €

Na secção de Mecânica trabalham dois engenheiros, com um ordenado mensal individual de 1 600 € e três mecânicos que auferem um ordenado mensal individual de 1 100 €. Para além do ordenado, todos os trabalhadores têm direito a 6 € de subsidio de refeição por dia, pago em cartão, e um dos engenheiros tem direito à isenção de horário de trabalho remunerada em 500 € por mês (auferida também nas férias e nos subsídios de Férias e Natal).

A empresa tem por hábito pagar o subsidio de Férias em junho e o de Natal em novembro.

Cada trabalhador tem direito a 3 dias de faltas por ano, sem perda de retribuição, desde que sejam devidamente justificadas. É normal no setor haver uma taxa de tempos mortos de 10%.

Para o ano N previam-se 10 feriados em dias úteis.

O horário de trabalho da empresa é de 5 dias por semana, correspondente a 40 horas semanais.

A empresa desconta para a Segurança Social segundo a taxa aplicável e tem um seguro de acidentes de trabalho de 4,5%.

Os outros encargos obrigatórios e facultativos com a Mão de obra Direta da Mecânica são de 1 779 € por ano e para todos os trabalhadores.

A taxa horária teórica de Mão de obra Direta para o ano N e para a Elétrica estimou-se em 12 €.

No final de N, os registos da empresa evidenciavam os seguintes dados:

Ano N	Mecânica	Elétrica
Custos reais	46 230 €	1 775 200 €
Taxa de imputação dos CIP real	5,75 €	25,36 €

Pedidos:

1. Calcule a taxa horária média teórica da Mão de Obra Direta da secção de Mecânica.
2. Calcule as taxas pré-determinadas de custos indiretos de produção para as secções de Mecânica e da Elétrica.
3. Calcule os custos da reparação TR269, sabendo que as requisições de materiais para aplicar nessa ordem de reparação ascendem a 4 500 € e que se registaram, na folha de obra da encomenda, os seguintes tempos: Secção Elétrica 18 Hh e 15 Hm e Secção mecânica 20H h.
4. Considerando uma margem bruta de 25% sobre as vendas, calcule o valor a faturar ao cliente da TR269.
5. Admitindo que os tempos mortos totais reais da Mecânica, do ano, foram de 1 000 Hh, calcule os gastos acidentais resultantes desse facto.
6. Calcule e classifique a diferença de imputação dos GIP, no ano e em cada uma das secções.

Exercício 158 **Sacola**

A Sacola, Lda. é uma empresa especializada na produção por encomenda de sacos e outros materiais de embalagem e publicidade. A empresa utiliza o volume de Mão-de-obra direta (MOD) como base de imputação dos Gastos Indiretos de Produção (GIP) aos produtos. Relativamente a estimativas de custos e atividade para o ano N, foi possível recolher a seguinte informação:

- GIP: 90 573 €/ano;
- Para o cálculo do custo hora da MOD foram considerados 7 trabalhadores, 2 com remuneração mensal de 1 350 €/cada, e 5 com 800 €/cada. O subsídio diário de refeição é de 4,5 €, e a empresa suporta 800 €/ano com custos de refeitório destes trabalhadores.

- Os encargos sociais para a segurança social são de 23,75% para a entidade patronal e 11% para os trabalhadores. A taxa de seguro de acidentes de trabalho é de 3%. São previstos 22 dias úteis de férias, 9 feriados, 3 dias de faltas justificadas sem perda de retribuição, 8 horas de trabalho diário e 5% de tempos mortos. A empresa suportou ainda outros encargos com MOD no montante de 1 167,84 €.
- Critério de custeio de saídas de armazém: Custo Médio Ponderado.

Do mês de março de N conhecem-se os seguintes elementos:

i. Inventários e Consumos unitários de Materiais:

	Inventários 28/fevereiro		**Consumo de materiais por unidade produzida**	
	Qt	Valor	Saco AM	Saco AR
Rolos de papel	500 unid	11 300 €	0,11 unid	0,18 unid
Colas	210 litros	740 €	0,05 litros	0,085 litros

ii. Compras de 600 Rolos de papel a 20 € cada rolo e 500 Litros de Colas a 3 € cada litro;
iii. Custos de transporte relativos à aquisição de colas, a cargo da empresa foram de 316 €. Os custos de transporte dos rolos de papel, também a cargo da empresa, foram de 1 351 €;
iv. Os custos internos de aprovisionamento atingiram os 1 512,5 € e são repartidos pelos materiais em função da quantidade consumida;
v. Durante o mês de março a empresa produziu, acabou e vendeu a encomenda de 2 000 sacos AM, que havia transitado do mês de fevereiro com um custo de 1 000 €, e iniciou a produção da encomenda de 4 500 Sacos tipo AR, que não ficou acabada em março, tendo transitado para o mês de abril (ficando por incorporar apenas parte dos gastos de conversão).
vi. Nestas duas encomendas, as horas de MOD foram de 800 para produção de Sacos AM, e 1500 horas para a produção de Sacos AR;
vii. A empresa determina o preço de venda aplicando uma margem de 30% sobre o preço de custo.

Pedidos:

Pede-se que determine:

1. O custo das matérias consumidas e valor dos inventários finais a 31 de março.
2. A taxa horária prevista da MOD e dos GIP para o ano N.
3. O custo de produção da encomenda produzida e acabada em março e o custo de produção da encomenda que ficou em curso de fabrico no final desse mês.
4. A diferença de imputação dos GIP, sabendo que no mês de março, o valor real dos GIP foi de 12 200 €.
5. A margem bruta obtida na venda dos sacos AM.

Exercício 159 **Mobiladora**

A Mobiladora, Lda. é uma empresa especializada na produção de mobiliário por encomenda. A empresa utiliza o volume da Mão de Obra Direta como base de imputação dos Gastos Indiretos de Produção (GIP). Relativamente a estimativas de custos e atividade para o ano N, foi possível aceder à seguinte informação:

i) GIP: 98 637,36 €/ano;

ii) Atividade de MOD:
- Salários médios mensais: 500 € para cada um dos 5 carpinteiros de 1.ª e 400 € para cada um dos 10 carpinteiros de 2.ª;
- Subsídio de refeição diário: 4,0 €;
- Taxa da segurança social: 23,75%
- Seguro de acidentes de trabalho: 12,3%
- Custo anual do bar imputado à Carpintaria / oficina: 5 579,1 €;
- Taxa normal de tempos mortos: 3%;
- Feriados/ano: 13;
- Horário semanal: 40 horas, 5 dias por semana;
- N.º de faltas justificadas com direito a remuneração: 3 dias/carpinteiro;

iii) Os custos administrativos mensais previstos são 20 000 € e os custos financeiros 5 000 €.

iv) Critério de valorização de saídas de inventários: Custo Médio Ponderado.

Para o mês de novembro do ano N conhecem-se os seguintes elementos:

i) Inventários e Consumos:

	Inventários				**Quantidade consumida**	
	01/11/N		**30/11/N**		**Encomendas**	
	Qt	Valor (€)	Qt	Valor (€)	M 505	A 909
Madeira	510 m³	11 475	100 m³	?	210 m³	1 000 m³
Verniz	200 Litros	640	310 Litros	?	110 Litros	380 Litros
Tintas	50 Litros	230	70 Litros	?	60 Litros	270 Litros

ii) Compras:
  a. Verniz 600 Litros a 3 € cada litro;
  b. Tintas 350 Litros a 4,5 € cada litro;
  c. Madeira 800 m3 a 20 € cada m3;

iii) Consumo de Matérias subsidiárias: 614 € para a encomenda M 505 e 940 € para a encomenda A 909;

iv) Custos de transporte relativo a verniz e tintas, a cargo da Mobiladora, Lda.: 285 €. A empresa distribui estes custos pelas duas matérias-primas de acordo com as quantidades compradas. Os custos de transporte da madeira, também a cargo da empresa, foram de 1 345 €;

v) A empresa reparte os custos internos de aprovisionamento pelas várias matérias-primas consumidas, de acordo com a área ocupada, tendo sido imputado um custo de 1 € por m3 consumido de Madeira e 0,025 € por cada litro consumido de Tinta e Verniz;

vi) Mão de Obra direta: Enc. M 505 – 850 horas; Enc. A 909 – 1 700 horas;

vii) A empresa produziu e concluiu, durante o referido mês de novembro, uma encomenda de 200 mesas (M 505) e outra de 450 armários (A 909). Ambas as encomendas foram de imediato entregues e faturadas aos clientes;

viii) No início do mês estavam em curso algumas mesas pertencentes à encomenda M 505, cuja produção havia sido iniciada em outubro/N e cujo valor era 2 000 €;

ix) Para além das encomendas referidas, a empresa entregou a encomenda A 707 (120 armários) pelo valor de 36 000 € que tinha ficado pronta para entrega em outubro do ano N e que estava em armazém valorizada em 15 000 €;

x) Relativamente às encomendas M 505 e A 909 a empresa cobrou 225 € por cada mesa e 250 € por cada armário;

xi) Cada móvel vendido tem um custo de transporte de 9,0 €, a cargo da Mobiladora, Lda.

Pedidos:

1. Custo unitário de cada matéria-prima consumida.
2. Taxa horária teórica da MOD.
3. Custo de produção das encomendas acabadas em novembro do ano N.
4. Resultado bruto por encomenda vendida, resultado operacional e resultado antes de impostos da empresa no período.

4.2. Método Indireto

Exercício 160 **PETRA**

A empresa PETRA dedica-se à fabricação, em regime de produção contínua, de peças específicas para a indústria automóvel. As peças são processadas numa única linha de montagem, sendo adicionada, logo no início do processo, 20% da matéria-prima A (MP A), sendo a restante incorporada quanto se atinge 50% do processamento. Os custos de transformação (CT) são regulares ao longo de todo o processo de fabrico. Considere os seguintes dados referentes a janeiro/N:

Produtos	01/janeiro/N	31/janeiro/N
Em curso (PVF)	500 unidades que se encontram a 15% do processamento	1.200 unidades que se encontram a 60% do processamento
Iniciados no período	150.000 unidades	

Pedido:

Para o mês de janeiro/N, determine os graus de acabamento da produção em curso inicial e final.

Exercício 161 **BULBO**

A empresa BULBO dedica-se à fabricação, em regime de produção contínua, de peças específicas para a indústria automóvel, processadas numa única linha de montagem e a partir da matéria-prima M (MP M). Os custos de mão-de-obra direta

(MOD) e de gastos indiretos de produção (GIP) ocorrem de forma regular ao longo de todo o processo de fabrico. Considere os seguintes dados referentes a janeiro do ano N:

Produtos	01/janeiro	31/janeiro
Em curso (PVF)	500 peças que se encontram a 15% do processamento e que incorporam 40% do custo respeitante à MP M	1.200 peças que se encontram a 60% do processamento e que incorporam 80% do custo respeitante à MP M
Iniciados no período	150.000 peças	

Pedido:

Relativamente ao mês de janeiro, e no que se refere aos custos de transformação, determine o volume da produção do período, expresso em unidades equivalentes (U.E.).

Exercício 162 **URMIL**

Em certo período N, em que 65.000 unidades do produto URMIL deram entrada em armazém de produtos acabados, a empresa suportou gastos de produção no montante de 713.450€, sendo que, deste total, 299.700€ se referem a gastos com matérias e outros materiais diretos e 413.750€ são respeitantes a gastos de transformação, fixos e variáveis. No final do período N, ficaram em curso 2.000 unidades de produto, com 80% de acabamento de matérias e outros materiais e 60% de acabamento em termos de gastos de transformação. No início do período N, os inventários de produção em curso eram nulos.

Pedido:

Determine o custo unitário da unidade equivalente (a produto acabado), verificado no período.

Exercício 163 **JAMURO**

A empresa JAMURO disponibilizou os seguintes dados, respeitantes ao mês de janeiro/N e ao produto Beta:

- Produção Acabada: 65.000 unidades;
- Saldo inicial da conta Fabricação (5.000 unidades do produto Beta): matérias-primas 20.800€ (80% de acabamento) e gastos de transformação 18.152€ (20% de acabamento);
- Consumo das matérias-primas no mês de janeiro/N: 200.000 €;
- Gastos de transformação de janeiro/N: 274.000 €;
- Produção em curso final: 4.000 unidades, as quais integram 100% das matérias-primas e 20% dos gastos de transformação.

Pedido:

Determine o custo de cada unidade acabada no período, sabendo que a empresa segue o custo médio ponderado na mensuração dos inventários.

Exercício 164 **FERJUL**

A unidade industrial FERJUL, SA, que fabrica o produto químico Q, disponibilizou os seguintes dados, respeitantes a um determinado período e ao produto Q:

	Unidades Físicas	Graus de Acabamento e valor
Saldo inicial da conta Fabricação	5.000	Matérias-primas: 80% (20.800€); Gastos de Transformação: 20% 18.152€
Saldo final da conta Fabricação	4.000	Matérias-primas: 100%; Gastos de Transformação: 20%
Produção acabada	88.000	

Os gastos do período:

Matérias-primas: 234.080€
Gastos de transformação: 317.836€

Pedido:

Determine custo da produção acabada no período, sabendo que a empresa segue o FIFO na mensuração das saídas de inventários.

Exercício 165 **Cerâmica da Beira Litoral**

A Cerâmica da Beira Litoral fabrica, por encomenda, fornos de cozedura destinados à indústria vidreira, utilizando tijolos produzidos no seu Departamento de Refratários. No Departamento Produção são fabricados os fornos, de acordo com as especificações dos clientes.

Conhecem-se os seguintes elementos, referentes ao mês de outubro de N:

- Consumo de matérias-primas para a produção de tijolos: 40 170 €;
- Gastos com pessoal:

	MOD	SUPERVISORES
Dep. Refratários	20 400 €	5 000 €
Dep. Produção		
P/ Obra 57	30 600 €	10 843 €
P/ Obra 58	10 200 €	

- Outros custos industriais: Depreciações: 30 000 €; Seguros: 8 000 €: Energia elétrica: 7 000 €; estes custos foram repartidos pelos dois departamentos, de acordo com o valor da MOD;
- Durante o mês produziram-se 20.000 tijolos, que deram entrada em armazém.
- O Departamento Produção requisitou ao armazém 11 000 tijolos (7 000 para a obra 57 e o restante para a obra 58).
- Os GIP do Departamento Produção são imputados às obras de acordo com o valor dos tijolos aplicados.
- A obra 57 foi concluída e vendida no mês. A obra 58 ficou em curso no final do mês.
- Inventários:

PVF	01-Out	31-Out
Dep. Refratários		
Unidades Físicas	1 000	2 000
% Acabamento:		
Matérias-Primas	100% (5 000 €)	80%
Custo transformação	60% (12 000 €)	40%
Dep. Produção – Obra 57	11 300 €	–

A empresa utiliza o FIFO para valorização das saídas de inventários.

Pedidos:

O cálculo do custo da produção acabada e da produção em curso no final do mês:

1. No Departamento Refratários
2. No Departamento Produção

Exercício 166 **Plastauto**

A empresa Plastauto dedica-se à fabricação, em regime de produção contínua, de peças técnicas X em plástico para a indústria automóvel. Cada peça é obtida a partir de duas matérias-primas, Polietileno, que entra logo no inicio do processo produtivo, e Acrílico, que entra a meio do processo.
Os dados de dezembro do ano N foram os seguintes:

- Produção iniciada no mês de dezembro: 3 000 unidades

PVF inicial	200 unidades da Peça X, com 10% de acabamento	2 490 € (*)
Custos do mês	Consumo de Polietileno	41 925 €
	Consumo do Acrílico	44 000 €
	Custos de transformação	19 125 €
PVF final	300 unidades da Peça X, com 60% de acabamento	?

(*) os custos de transformação incluídos neste valor são 895 €

Pedidos:

1. Apure o custo total e unitário das peças acabadas X em dezembro do ano N, bem como o valor da produção em curso no final deste mesmo mês, utilizando o método das unidades equivalentes, valorizando as saídas de inventários pelo critério FIFO.
2. Se fosse utilizado o critério valorimétrico do Custo Médio Ponderado, quais seriam os custos unitários das peças X acabadas?

Exercício 167 **Foluci**

A empresa Foluci, Lda. produz, entre outros, o produto alfa que é obtido mediante um processo contínuo e sequencial ao longo de três secções, o qual tem início na Secção de Produção, onde se consome a totalidade das matérias-primas e 90% dos restantes materiais diretos que integram o produto alfa. O processo produtivo prossegue na Secção Montagem, na qual se consomem os restantes 10% dos materiais diretos, a 90% do processo que ocorre nesta secção. Por fim, o produto intermédio passa para a Secção de Acabamento.

O consumo de Mão de Obra Direta é linear ao longo de cada uma das secções.

Considere os seguintes custos de produção suportados com o fabrico do produto alfa em março/N:

Matérias-primas consumidas	720 000 €
Outros materiais diretos consumidos	30 000 €
Mão de obra direta (MOD)	
Secção de produção	117 000 €
Secção de montagem	34 500 €
Secção de acabamento	112 500 €
Gastos indiretos de produção	
Secção de produção	60 000 €
Secção de montagem	17 250 €
Secção de acabamento	67 500 €

Em março/N a produção acabada foi de 10 000 unidades, o inventário inicial de produção em curso era nulo e ficaram 2 000 unidades de alfa em curso de fabrico na Secção de Montagem, com 75% do processo produtivo desta secção já percorrido.

Pedidos:

1. Determine, para a produção acabada do produto alfa em março/N:
   a) Custo total da produção acabada.
   b) Custo unitário da produção acabada,
2. Valor dos inventários finais de produto alfa em curso de fabrico, em março/N.

Exercício 168 **Incompleta**

A empresa Incompleta produz um único produto. O processo de fabrico é simples, sendo constituído apenas por um Departamento de Fabricação e um Departamento de Embalagem.

Relativamente ao mês de outubro de N, conhecem-se os seguintes elementos referentes ao Departamento de Fabricação, no qual a matéria-prima A é incorporada no início do processo e a matéria-prima B é incorporada 75% do processo de fabrico:

	N.º Unidades	**Acabamento**	**Custos de Conversão**	**Matérias-primas**
PVF inicial	15 000	50%	53 750 €	6 250 €
Unidades iniciadas em outubro	150 000		295 000 €	MP A: 200 000 € MP B: 231 000 €
Unidades terminadas em outubro	140 000			
PVF final	?	60%		

Pedidos:

Valorize a Produção Acabada e a PVF Final, utilizando, como critério de valorização de saída de inventários:

1. Custo Médio Ponderado.
2. FIFO.

Exercício 169 **Austoplás**

A empresa Austoplás dedica-se à fabricação, em regime de produção contínua, de Peças técnicas em plástico para a indústria automóvel. Cada peça é obtida a partir de duas matérias-primas: M1 que entra logo no início do processo produtivo, e M2 que entra a meio do processo.

Os dados de dezembro do ano N foram os seguintes:

- Produção Iniciada no mês de dezembro do ano N: 3 000 unidades

- Produção em curso (PVF) em 1/12/N: 2 000 unidades, com 10% de acabamento (para os Custos de Transformação – CT) com custos relativos a Matérias de 1 750 € (M1) e Custo de transformação de 900 €;
- Custos do período: Consumo de M1: 42 000 €, Consumo de M2: 44 000 €, Custos de Transformação: 20 250 €.
- PVF em 31/12/N: 1 500 unidades com 80% de acabamento (CT).

Pedido:

Apure o custo total e unitário das peças acabadas em dezembro do ano N, bem como a valorização da produção em curso no final deste mês, utilizando o método das unidades equivalentes e valorizando as saídas de inventários pelo critério:

1. Custo Médio Ponderado;
2. FIFO.

Exercício 170 **Alfafar**

A empresa Alfafar, Lda. fabrica o produto X. Cada unidade de X é obtida a partir de duas unidades da matéria-prima A e de uma unidade de B. Esta entra a meio do processo produtivo e aquela no início. Os gastos de transformação são incorporados de forma regular ao logo de todo o processo produtivo. A empresa valoriza os inventários de acordo com o Custo Médio Ponderado. Os dados do mês de novembro de N são os seguintes:

i) Existência inicial de PVF: 200 unidades c/ 20% de processamento e com o valor de 2 512 € (600 € relativos a gastos de transformação);
ii) Consumo de matéria-prima A: 4 200 unidades a 10 € cada;
iii) Consumo de matéria-prima B: 2 200 unidades a 20 € cada;
iv) Gastos de transformação: 20 885,6 €
v) Existência final de PVF: 200 unidades c/ 70% de processamento;
vi) Produção acabada de X: 2 000 unidades.

Pedidos:

1. Custo dos inventários finais de produção em curso.
2. Custo unitário da produção acabada do mês de novembro.

Exercício 171 **Duarte & Filhos**

A empresa Duarte & Filhos, Lda. fabrica, em regime de produção contínua, um modelo guarda-chuva em cortiça. O processo produtivo desenrola-se da seguinte forma: a *cortiça* dá entrada na Secção A onde é transformada dando origem ao produto semiacabado *guarda-chuva intermédio,* que é depois transferido para a Secção B. Nesta secção é aplicado *verniz* a cada unidade de guarda-chuva intermédio, obtendo-se assim o produto final *guarda-chuva.*

São conhecidos os seguintes elementos referentes ao mês de abril:

Matérias	**Cortiça**		**Verniz**	
Primas	Quantidade	Valor unitário	Quantidade	Valor unitário
Inventários Iniciais	600 m³	14,0 €	100 litros	10,92 €
Compras	3 000 m³	14,068 €	1 600 litros	7,50 €
Consumos	2 100 m³	?	1 300 litros	?

Custos de transformação e Quant. Produzida	**Secção A**	**Secção B**
Gastos de MOD	8 082 €	15 979 €
Gastos Indiretos de Produção	3 612 €	4 608,80 €
Unidades produzidas	1 768	1 538

Inventários Iniciais de Produção em Curso na Secção A	**Quant. Física**	**Grau de Acabamento**	**Valor**
Matéria-prima	300 unidades	100%	5 200 €
Gastos diretos pessoal da produção	300 unidades	60%	1 040 €
Gastos indiretos de produção	300 unidades	30%	268 €

Inventários Finais de Produção em Curso na Secção A	**Quantidade Física**	**Grau de Acabamento**
Matéria-prima	320 unidades	100%
Gastos diretos com pessoal da produção	320 unidades	65%
Gastos indiretos de produção	320 unidades	40%

Inventários Finais de Produção em Curso na Secção B	**Quantidade Física**	**Grau de Acabamento**
Matéria-prima	180 unidades	80%
Produto semiacabado *guarda-chuva intermédio*	180 unidades	100%
Gastos diretos com pessoal da produção	180 unidades	80%
Gastos indiretos de produção	180 unidades	60%

Não havia Inventários iniciais de produção em curso na Secção B.

Outras informações:

- A margem bruta obtida neste mês foi de 7 500 €.
- No final do mês, existiam em armazém, 300 unidades de produto acabado.
- A empresa utiliza o FIFO como fórmula de custeio dos inventários.
- Durante o mês foram vendidas 1 500 unidades de produto acabado a 45 € cada unidade.

Pedido:

O custo da produção acabada em cada uma das secções.

Exercício 172 **Transplast**

A Sociedade Transplast é uma empresa que se dedica à produção de peças em plástico para a indústria automóvel, em regime de fabricação por fases.

Na 1.ª Fase, Moldagem, a matéria-prima Politileno é moldada originando assim a peça moldada, que passa de imediato à 2.ª Fase, Acabamento e Pintura, em que a tinta é aplicada na peça logo no início do processo, e onde lhe é acoplado, a cerca de 60% do processamento, um componente de borracha

Do mês de outubro do ano N, conhecem-se os seguintes valores:

Fases de fabricação	**Gastos do mês**			**Produção**		
	Matérias-primas Consumidas		Gastos de Transf. (GT)	em curso a 01/out	em curso a 31/out	Acabada
Moldagem	Polietileno	11 250 €	24 255 €	600 unid. (1)	900 unid. (2)	4 200 unid.
Acabamento e Pintura	Tintas	1 260 €	8 470 €	300 unid. (3)	500 unid. (4)	4 000 unid.
	Borrachas	24 750 €				

(1) Grau de acabamento de 70% (GT), valorizada em 1 200 € de MP + 2 610 € de GT
(2) Grau de acabamento de 70% (GT)
(3) Grau de acabamento de 55% (GT), valorizada em 175 € (MP) + 2 400 € (produto semiacabado) + 1 045 € (GT)
(4) Com grau de acabamento de 80% (GT)

A empresa utiliza o FIFO com critério valorimétrico das saídas de inventários.

Pedidos:

Cálculo do custo total e unitário da produção acabada e o valor da produção em curso final, em cada uma das fases.

Exercício 173 **Loiças de Coimbra**

A empresa Loiças de Coimbra, Lda. fabrica, entre outros produtos de cerâmica, os pratos decorativos Conimbriga. O produto é obtido através de um processo produtivo contínuo que decorre ao longo de duas fases: Produção e Pintura. No mês de maio/N os registos de produção apresentavam os seguintes elementos:

Fase Produção: Consumo de Materiais 40 324 €; Mão-de-obra Direta 12 000 €; GIP 5 850 €;

No dia 1 de maio encontravam-se em vias de fabrico 800 unidades do prato Conimbriga, valorizados em 2 500 € (2 000 € de matérias-primas e 500 € de custos de transformação) e com graus de acabamento de 80% em termos de matérias-primas e de 50% em termos de custos de transformação. A produção obtida nesta fase, durante o mês de maio, foi de 12 000 unidades de produção acabada que transitou para a fase seguinte e de 1 000 unidades que ficaram em vias de fabrico, incorporando estas últimas 50% do total de materiais e 30% do custo de transformação necessários ao seu completo acabamento.

Fase Pintura: Nesta fase em que se procede à pintura do produto transferido da fase anterior (SP), havia 2 000 unidades de PVF no dia 1 de maio, com um grau de acabamento de 50% (relativamente a Tintas e a CT), e valorizados em 10 000 € (SP), 1 400 € (Tintas) e 400 € (CT). Os gastos desta fase foram de 53 187,50 € em Tintas e 18 500 € de CT, tendo-se acabado 9 000 unidades. No final do mês inventariaram-se unidades em vias de fabrico, cujo custo de transformação se encontrava com um grau de acabamento de 25% (relativamente a Tintas e a CT).

A empresa utiliza o FIFO como fórmula de custeio de saída de inventários.

Pedidos:

a) Calcule o custo total e unitário da produção acabada de maio e o respetivo valor dos inventários finais de produção em curso, para a Fase Produção;

b) Calcule o custo total e unitário da produção acabada de maio e o respetivo valor dos inventários finais de produção em curso, para a Fase Pintura.

Exercício 174 **Pesticida**

A empresa Pesticida, Lda., com fábrica instalada em Condeixa, produz um tipo de pesticida para a agricultura. O processo produtivo desta empresa resume-se no seguinte:

Na Unidade I, é incorporada a matéria-prima A, logo no início do processo produtivo, depois de transformada, dando origem ao produto semiacabado QUIM, que segue para a Unidade II.

Na Unidade II é ainda incorporada, no produto semiacabado QUIM, a matéria-prima B (a meio do processo produtivo que ocorre nesta unidade), dando origem ao produto final PEST (é obtida uma unidade de produto acabado por cada unidade processada de produto semiacabado).

Existe ainda um departamento de Manutenção de Equipamentos, que reparte os seus custos pela unidade I (2 760 €) e pela Unidade II (valor restante).

Da contabilidade do mês de novembro de N, retiraram-se os seguintes elementos:

- Unidade I:

Gastos do período:	
MP A	5 800 €
Gastos de transformação	13 800 €
PVF 31/10/N:	
Quantidade: 100 unidades	20% de acabamento do trabalho realizado nesta Unidade
MP A	1 240 €
Gastos de Conversão	825 €
Gastos Dep. Manutenção Equip.	335 €
PVF 30/11/N:	
Quantidade: 200 unidades	40% de acabamento do trabalho realizado nesta Unidade
Produção iniciada no mês	500 unidades

- Unidade II:

Gastos do período:	
MP B	6 100 €
Gastos de Conversão	13 260 €
PVF 31/10/N:	
Quantidade: 180 unidades	60% de acabamento do trabalho realizado nesta Unidade
Produto semiacabado QUIM	7 500 €
MP B	2 100 €
Gastos de Conversão	2 700 €
Gastos Dep. Manutenção Equip.	1 100 €
PVF 30/11/N:	
Quantidade: 150 unidades	80% de acabamento do trabalho realizado nesta Unidade

- Gastos do Departamento de Manutenção de Equipamentos (novembro):

Materiais	2 350 €
Mão-de-obra	1 680 €
Energia	1 710 €
Depreciações	589 €
Outros	630 €

- A empresa utiliza o FIFO como critério de valorização de saída de inventários.

Pedidos:

1. Apure o custo total do produto semiacabado QUIM acabado e o valor da PVF final (Unid. I).
2. Apure o custo total do pesticida PEST acabado e o valor da PVF final (Unid. II).

Exercício 175 **Festa**

A empresa Festa, Lda. produz numa das suas unidades industriais o produto OT, podendo resumir-se no seguinte o seu processo de fabrico:

A matéria-prima (MP) O é transformada na Fase I, dando origem a um produto semiacabado SOT. Essa matéria-prima é consumida de forma linear ao longo do processo produtivo da Fase I. Ao produto semiacabado SOT, que segue imediato para a Fase II, junta-se a meio do processo (50% da Fase II) a outra matéria-prima (T), dando origem, após transformação, ao produto acabado OT, que é então armazenado para posterior venda.

A empresa valoriza os inventários de acordo com o Custo Médio Ponderado e para o mês de novembro do ano N apresentava os seguintes dados.

- Existência inicial de produção em curso (PVF) na Fase I: 2 000 unidades com 40% de acabamento com o valor de 50 000 € sendo estes repartidos de igual forma pelas matérias-primas e pelos custos de transformação;
- Existência final de PVF na Fase I: 3 000 unidades com 70% de acabamento (CT);
- Custos das matérias-primas consumidas: MP O: 39 400 €; MP T: 24 000 €
- Custo de transformação na Fase I: 55 500 €;
- Custo de transformação na Fase II: 90 000 €;
- Inventários iniciais de PVF na Fase II: 2 000 unidades com 40% de acabamento (CT) e com o valor de 84 620 €, distribuídos da seguinte forma: 42 800 € para o produto semiacabado SOT e 41 820 € para os custos de transformação;
- Existência final de PVF na Fase II: 1 000 unidades com 60% de acabamento (CT);
- Produção acabada: SOT 14 000 unidades, OT é de 15 000 unidades;
- Produção Vendida: 50% da produção acabada (preço de venda determinado considerando uma margem de 35% sobre o custo de produção);

Pedidos:
Utilizando o método das unidades equivalentes para valorização da produção em curso, determine para o período em causa:

1. O valor dos inventários finais de produtos em curso em cada uma das Fases.
2. O custo da produção acabada
3. O valor das Vendas.

Exercício 176 **X-Acto**

A empresa X-Acto fabrica o produto Y, em regime de fabricação contínua. O processo produtivo desenrola-se em duas secções: produção e montagem. Na secção de produção são produzidas estruturas, que passam à secção de montagem para se obter o produto final Y. Em ambas as secções, os materiais são incorporados no início do processo. Os dados retirados da contabilidade da empresa relativamente a custos e produção do ano N são os que se seguem:

	Custos do Ano		Produção em Curso	
	Materiais	Gastos de Transformação	Inicial	Final
Secção Produção	278 000 €	85 845 €	30 380 €	26 000 €
Secção Montagem	470 000 €	150 000 €	75 945 € *	?? **
** 2 000 Unidades com um grau de acabamento de 30% da secção de montagem.				

* Detalhe da informação relativa à Produção em Curso Inicial da secção de montagem:

1 500 UF que se encontravam a 50% do processamento da secção montagem	
Estruturas provenientes da Sec. Produção	27 775 €
Componentes (materiais) adicionados	41 000 €
Custos de transformação	7 170 €

Sabe-se ainda que a empresa utiliza o Custo Médio Ponderado como critério valorimétrico de saídas de inventários e que, durante o ano, a produção acabada na secção de produção e que deu entrada na secção de montagem foi de 18 500 unidades.

Pedidos:

1. O custo de produção total das estruturas acabadas (à saída da secção produção).
2. O custo de produção (total/unitário) do produto Y acabado no ano.
3. O valor dos inventários finais de produção em curso na secção de montagem.

Exercício 177 **Vidreira do Mondego**

A empresa Vidreira do Mondego, SA dedica-se a fabricação de garrafas vidro, as quais são produzidas através dos seguintes processos: fusão, moldagem e embalagem.

I – Informação obtida do departamento de Fusão:

Neste departamento, a matéria-prima (uma mistura de componentes do vidro, sílica, fundentes, como álcalis, e estabilizadores, como a cal) é conduzida a um forno especial, que alcança entre 1200.º e 1800.º, obtendo-se assim, desta fusão, o vidro fundido que segue imediatamente para o departamento de Moldagem.

Custos incorridos no departamento de fusão, no mês de janeiro do ano N:

Matérias-primas consumidas: 86 308 €

Mão-de-obra direta (MOD): 74 642 €

Gastos Indiretos de Produção: 150 000 €

Não existiam produtos em curso neste departamento (nem no início nem no final do mês).

II – Relativamente ao departamento de Moldagem, onde é moldado e trabalhado o vidro, em moldes, para lhe dar a forma que conhecemos (garrafas), é feito o arrefecimento e recozimento do vidro e ainda o controlo das garrafas, conhece-se os seguintes elementos:

Produção do mês	Quant.	Grau Acabamento	Valor
Unidades em curso no início do mês	?	Produto semiacabado: 100%, MOD: 50% GIP 20%	Produto semiacabado: 42 270 € MOD: 6 738 € GIP: 10 872 €
Unidades Iniciadas	414 600	-	-
Unidades terminadas e transferidas para o departam. embalagem	444 600	-	-
Unidades em curso no final do mês	60 000	Produto semiacabado: 100% MOD: 80% GIP: 30%	-

Custos incorridos no período neste departamento: Mão-de-obra Direta 42 522 €, GIP 40 014 €.

III – Quanto ao departamento de Embalagem, onde, antes de serem armazenadas, as garrafas são reagrupadas em camadas, colocadas em paletes, separadas por cartão, e envolvidas em filme de plástico para facilitar e proteger o transporte, sabe-se o seguinte:

Custos incorridos no período: Mão-de-obra Direta 35 000 €, GIP 25 305 €.
Custo das embalagens: Filme de plástico 395 € e Cartões 21 551 €
Não existem produtos em curso neste departamento.

IV – Inventários iniciais de Produtos Acabados:

Tipo de produto	Quantidade	Valor	Observações
Paletes de garrafas de vidro	15	26 038 €	1 710 garrafas por palete

V – Outras Informações:

- Gastos do Departamento Comercial, no período: 32 000 €
- Gastos do Departamento Administrativo, no período: 35 000 €
- Gastos Financeiros, no período: 27 000 €
- A empresa utiliza como critério valorimétrico das saídas o Custo Médio Ponderado.
- O preço de venda das paletes é de 2 250 € cada.
- No final do período ficaram em armazém 50 paletes de garrafas de vidro.

Pedidos:

1. Calcule o custo de cada garrafa de vidro à saída da Moldagem.
2. Calcule o custo de cada palete à saída da Embalagem.
3. Calcule o Resultados antes de Impostos do período.

Exercício 178 **Confex**

A empresa Confex, SA, dedica-se à produção, em série, de fantasias para uso em festas temáticas.

O processo produtivo, que utiliza sistemas CAD/CAM para lhe permitir o máximo de aproveitamento do tecido, desenvolve-se em três secções (Corte, Confeção e Acabamento). Inicia-se no Corte, onde o tecido é preparado e cortado de acordo com os moldes desenvolvidos pelas empresas clientes, continuando para a Confeção, onde as peças cortadas, vindas da seção anterior, são unidas e cozidas, usando linhas adequadas, finalmente dá-se o Acabamento do produto intermédio vindo da confeção, maioritariamente manual, com recurso à incorporação de matérias-primas complementares (aviamentos).

Durante o mês de janeiro de N a empresa produziu exclusivamente para a empresa italiana FITALI, continuando a produzir o Modelo LVMH45, cujas caraterísticas envolvem as seguintes especificidades:

- as matérias-primas complementares (aviamentos) entraram no Acabamento por fases, 30% no início do processo, 30% a 60% do processo e a percentagem restante a 85% do processo.
- cada fantasia Modelo LVMH45 consome 2,5 metros de tecido.

Neste mês de janeiro registou os seguintes factos:

- Inventários de Matérias Primas e Complementares destinadas à Fantasia Modelo LVMH45 em 01/01/N

	Quantidade	**Custo Unitário**	**Valor**
Tecido	9 000 metros	12,5 €/m	
Aviamentos			5 236 €
Linhas			450 €
Fantasias Modelo LVMH45	250 unid.	120 €	

- Compras de Matérias Primas e Complementares destinadas à Fantasia Modelo LVMH45

	Quantidade	**Custo Unitário**	**Valor**
Tecido	2 500 metros	13,0 €/m	
Aviamentos			2 500 €
Linhas			555 €

- No final de janeiro existiam em armazém 300 € de aviamentos e 250 € de linhas destinados à Fantasia Modelo LVMH45.
- Os gastos com os salários e encargos dos operários ascenderam a 118 555 €, sendo que 10 075 € são do Corte, 40 000 € da Confeção e 68 480€ do Acabamento.
- Os gastos com os ordenados e encargos dos administrativos e da Administração foram de 25 000 €;
- Os gastos com os ordenados e encargos com os comerciais foram de 12 500 €;

- Os gastos com Fornecimentos e Serviços Externos (FSE), as depreciações e os outros gastos operacionais que ascenderam a 390 900 €, foram repartidos como se apresenta de seguida:

	Produção *	Distribuição	Administração
FSE	131 500 €	42 000 €	10 000 €
Depreciações	156 000 €	25 000 €	12 500 €
Outros gastos Operacionais	12 500 €	850 €	550 €

* Por falta de informação objetiva, a empresa reparte estes gastos de forma igual pelas três secções.

- Os gastos financeiros foram de 54 000 €;
- Iniciou 4 500 fantasias Modelo LVMH45 e enviou para a FITALI 4 200, que faturou a 200 € a unidade;
- No início do mês encontravam-se 500 fantasias Modelo LVMH45 em curso de fabrico, dependentes de acabamentos manuais, a 50% deste processo, com os seguintes custos: produto intermédio vindo da Secção Confeção 43 550 €; Aviamentos 225 € e gastos de transformação 8 750 €.
- No final do mês verificou-se que se encontravam em curso de fabrico ainda 350 fantasias Modelo LVMH45 que estavam nos acabamentos finais, tendo por isso um grau de acabamento de 80% deste processo.
- O tecido e os aviamentos aplicados na fantasia Modelo LVMH45 são importados dos Brasil, sendo que a fatura do despachante, relativa as compras realizadas no mês de janeiro, tem um valor de 1 400 € + IVA de 23%. Este valor não esta incluído no custo das compras indicado no 2.º ponto.

Pedidos:

1. Determine o valor das matérias-primas primas consumidas no mês de janeiro, assumindo que a empresa reparte das despesas externas de compras em função do valor das compras e utiliza o FIFO para valorizar as saídas de inventários.
2. Calcule o custo produção dos produtos acabados, em cada um dos processos:
   a. Global do Corte
   b. Global e unitário da Confeção
   c. Global e unitário do Acabamento
3. Calcule o Resultado Líquido do período, considerando uma taxa de IRC de 25%.

4.3. Produção Conjunta

Exercício 179 **LUCAS**

A empresa LUCAS; S.A. produz os quatro coprodutos e obteve, no período N, as quantidades produzidas apresentadas na tabela abaixo, tendo consumido, antes do ponto de separação, 5.000 Kg de matérias-primas, no valor total de 1.500€.

Coprodutos	Quantidade Produzida	Custos Específicos de Produção (totais)	Preço de Venda unitário
A	500 unid.	125 €	8,50 €
B	900 unid.	450 €	8,75 €
C	400 unid.	300 €	9,00 €
D	200 unid.	200 €	9,25 €

Durante o período N, a mão-de-obra direta utilizada na fase de produção conjunta originou gastos no montante de 3.500€, tendo os gastos indiretos de produção (GIP) registados nesta fase ascendido a 2.500€.

Pedido:

Calcule o custo de produção unitário do coproduto A, seguindo o critério das quantidades na repartição dos custos conjuntos.

Exercício 180 **Raçanimal**

A sociedade RAÇANIMAL, S.A. produz, em regime de produção conjunta, dois tipos de rações para animais (V1 e V2), correspondendo V1 ao produto de 1ª qualidade e V2 ao produto de 2ª qualidade.

Ambos os coprodutos são vendidos depois de embalados em sacos de 25 kg, ao preço de venda unitário de 20€/saco (V1) e 18,5 €/saco (V2).

No ponto de separação, obtém-se, para além dos coprodutos V1 e V2, um resíduo (R), o qual é enviado para destruição, implicando um gasto de 150€/tonelada.

No mês março do ano N, produziram-se 72 toneladas de V1 e 108 toneladas de V2, tendo ainda sido obtidas 20 toneladas de R.

Os inventários iniciais de produção eram nulos e no final do mês de março ficaram 4 toneladas de V2 em armazém de produtos acabados

A contabilidade apurou que os custos de matérias-primas e os gastos de conversão acumulados até ao ponto de separação totalizaram 78.000€ e que as operações específicas de embalagem na fábrica ascenderam a 7.200€ para V1 e a 9.720€ para V2.

Pedido:

Determine o custo das vendas, seguindo o critério das quantidades para repartir os custos conjuntos.

Exercício 181 **XOSY**

A empresa XOSY, Lda. produz os produtos X e Y através de um processo produtivo que inclui uma fase de produção conjunta.

No mês de setembro/N, os custos conjuntos ascenderam a 72.000€, tendo-se produzido 10.000 unidades do Produto X e 15.000 unidades do Produto Y, das quais se venderam 8.025 unidades de X, a 10€/unidade, e 13.950 unidades de Y, a 5€/unidade.

Como custos específicos de produção, registaram-se 20.000€ para o Produto X e 13.000€ para o Produto Y.

O valor dos gastos extra produção incorridos no período foi de 8.000€ para o produto X e 14.000€ para o produto Y.

No mês em causa, os inventários iniciais de produção eram nulos.

Pedidos:

1) De acordo com o método do valor de venda da produção reportado ao ponto de separação, calcule os custos unitários de produção dos produtos X e Y.
2) De acordo com o método da margem bruta percentual constante, calcule os custos unitários de produção dos produtos X e Y.

Exercício 182 **ZOS**

A empresa ZOS produz dois produtos principais, Z e O, e um subproduto S.

O processo de transformação da (única) matéria prima "G" é o seguinte:

- Departamento I: a produção inicia-se com a extração e corte de G, de onde resultam os produtos intermédios Z', O' e S';
- Departamento II: os produtos intermédios Z' e O' são ainda sujeitos a novos cortes e polimento, de acordo com as especificações dos clientes.
- Departamento III: o subproduto intermédio S' é triturado, sendo de seguida vendido a granel a empresas que comercializam alimentação para aves.

Considere os seguintes dados respeitantes a agosto do ano N:

- A ZOS vende o subproduto S a 25€/Ton. e incorre ainda num gasto de transporte de 5€/Ton., até ao armazém do cliente;
- Quantidades obtidas à saída do Departamento I: 25.000 Ton. de Z', 60.000 Ton. de O' e 5.000 Ton. de S'.
- Quantidades obtidas à saída do Departamento II: 300.000 unidades de Z e 400.000 unidades de O.
- Quantidades obtidas à saída do Departamento III: 5.000 Ton. de S.
- Os produtos Z e O são vendidos a 2,50€/unid. e a 1,50€/unid., respetivamente, e originam de custos de distribuição 0,20€/unid.
- Os custos de transformação foram:
  - o Departamento I: 451.500 €;
  - o Departamento II: 306.000 €
  - o Departamento III: 55.000 €
  - o Os custos de transformação do Departamento II é repartido em função das quantidades processadas.
  - o Valor da Matéria Prima consumida G foi de 300.000 €.

Pedido:

De acordo com o método mais adequado para a valorização do subproduto, determine o valor dos custos conjuntos a distribuir pelos produtos principais, em agosto/N.

Exercício 183 **Gama e Sousa**

A empresa Gama e Sousa, S.A. produz os coprodutos AA e BB e ainda o subproduto SS. O processo produtivo inicia-se no Departamento I, em que são obtidos o produto AA, que segue de imediato para o armazém de produtos acabados, o produto intermédio B, que segue para o Departamento II, em que é alvo de transformação adicional, e o Subproduto SS que é de imediato transportado para o armazém do cliente, com um custo de transporte de 0,75 € por unidade.

Dados relativos a maio do ano N:

Gastos de Produção:	**Departamento I**	**Departamento II**
Matérias primas consumidas	25 000 €	–
Gastos de transformação	37 500 €	12 000 €

Gastos de Distribuição:	
Fixos	10 000 €/mês
Variáveis	2,6 € por unidade vendida de AA 2,8 € por unidade vendida de BB

Produção	**AA**	**B**	**BB**	**SS**
Acabada	10 000 unidades	20 000 kg	15 000 unidades	5 000 unidades
Vendida	7 000 unidades a 8 €/unidade	–	14 000 unidades a 12 €/unidade	5 000 unidades a 1,25 €/unidade

Os inventários iniciais e finais de produção em curso, neste período, eram nulos, em todos os departamentos.

Pedido:

Calcule o custo de produção unitário de cada um dos coprodutos (AA e BB), adotando o método do valor realizável líquido estimado (valor de venda da produção reportado ao ponto de separação), para repartir os gastos conjuntos pelos coprodutos. Relativamente ao subproduto, utilize o critério que entender mais adequado.

Exercício 184 **Quimicentro**

A empresa Quimicentro, Lda. desenvolve na sua fábrica de Maiorca um processo produtivo em que obtém conjuntamente os produtos X e Y, o subproduto S e ainda o resíduo R.

Em dezembro do ano N, a empresa suportou um total de 895 000 € custos até ao ponto de separação (matérias-primas e gastos de conversão), tendo obtido 200 000 litros de X e 400 000 litros de Y, 50 000 litros de S e 2 000 toneladas de R.

O resíduo R não é vendável nem utilizável internamente, sendo enviado para destruição, o que implica um custo de 30 €/tonelada.

O preço de venda unitário do produto X é de 5,25 €, o do produto Y é de 4,25 € e do subproduto S é de 1,35 €, sendo que as quantidades vendidas no período foram 180 000, 250 000 e 40 000 unidades, respetivamente.

A empresa detinha em inventários iniciais, a 30/11/N, 10 000 litros de X, avaliadas em 25 300 €.

Todos os produtos vendidos pela empresa geram gastos de distribuição de 1,25 €/ unidade.

A Quimicentro reparte os custos conjuntos pelos produtos principais de acordo com o critério do valor de venda reportado ao ponto de separação e utiliza o Custo Médio Ponderado para valorizar as saídas de inventários.

Pedidos:

1. Determine o custo unitário de cada produto principal acabado no período;
2. Determine o custo (de produção) das vendas;
3. Determine o valor dos inventários finais da produção, em 31/12/N.

Exercício 185 **Doçaria de Tentúgal**

A empresa Doçaria de Tentúgal, Lda. dedica-se ao processamento de açúcar de beterraba em três produtos: Açúcar, Xarope de açúcar e Xarope de frutose. No ponto de separação, além dos três coprodutos referidos, obtém-se um resíduo que representa 4% do total das quantidades obtidas dos coprodutos e que é vendido a empresas que fabricam rações para animais ao preço de 0,25€/Kg. Os referidos coprodutos passam ainda por processos de tratamento distintos ocasionando custos específicos até serem vendidos.

Durante o mês de abril do ano N, os custos conjuntos desse processamento até ao ponto de separação foram de 120 000 €. Os elementos seguintes dizem respeito à produção e vendas potenciais da produção no período em causa:

Produtos	Unidades Produzidas	Valor de venda da produção no final do processo Produtivo	Custos específicos
Açúcar	6 000 Kg	52 048,00 €	12 048 €
Xarope de açúcar	4 000 Kg	45 042,00 €	10 042 €
Xarope de frutose	2 000 Kg	41 030,00 €	16 030 €

A empresa utiliza o critério do valor realizável líquido estimado (ou valor de venda da produção reportado ao ponto de separação) para valorizar os coprodutos e o critério do lucro nulo para valorizar os resíduos.

Pedidos:

1. Relativamente a abril/N, determine a parte dos custos conjuntos atribuído a cada produto.
2. Apure o custo de produção unitário de cada produto.

Exercício 186 **MNP**

O processo de fabrico da empresa MNP, Lda. consiste no seguinte:

- A matéria-prima A é incorporada no departamento I, obtendo-se, em produção conjunta, os produtos semiacabados M' e N';
- O produto semiacabado M' segue para o departamento II, onde é sujeito a operações de transformação sendo-lhe adicionada a matéria-prima B e dando origem ao produto M, ao subproduto S e ao desperdício D que terá de ser destruído originando um custo de remoção de 1 €/kg;
- O produto semiacabado N´segue para o departamento III, onde também é sujeito a operações de transformação sendo-lhe adicionada a matéria-prima C e dando origem ao produto N;
- Existem ainda dois departamentos auxiliares X e Y, cuja repartição dos custos é a seguinte:

	Depart. I	Depart. II	Depart. III	Depart. Aux. X	Depart. Aux Y
Depart. X	-	40%	30%	-	30%
Depart. Y	20%	40%	30%	10%	-

Relativamente ao mês de março do ano N, conhecem-se os seguintes valores:

- Compras de matérias-primas
  MP A: 2 100 toneladas ao custo de 74 €/Ton
  MP B: 275 toneladas a custo de 105 €/Ton
  MP C: 180 toneladas custo de 146 €/Ton

- Consumos
  MP A: 1 900 toneladas
  MP B: 195 toneladas
  MP C: 90 toneladas
  M': 1 010 toneladas
  N': 520 toneladas
- Produção
  M': 910 toneladas
  N': 520 toneladas
  M: 910 toneladas
  N: 520 toneladas
  Subproduto S: 98 toneladas
  Desperdícios D: 2 toneladas

- Vendas:
  M: 910 toneladas a 180 € cada
  N: 520 toneladas a 200 € cada
  Subproduto S: 98 toneladas a 90 € cada

- Atividades e custos de conversão diretos dos departamentos:

	Principais			**Auxiliares**	
	Depart. I	Depart. II	Depart. III	Dep. Auxiliar X	Dep. Auxiliar Y
Atividade	150 Hm	9 750 Hh	4 900 Hh	–	820 Hh
Custos diretos (€)					
Variáveis	1 300 €	5 850 €	639 €	4 425 €	2 000 €
Fixos	2 500 €	11 364 €	1 796€	–	2 250 €

- Custos Comerciais: 5% das vendas (Variáveis) e 10 000 € (Fixos)
- Custos Administrativos (Fixos): 3 000 €
- Custos Financeiros (Fixos): 2 700 €

- Inventários iniciais: nulos

A empresa utiliza o critério do lucro nulo para valorizar os subprodutos e o valor de venda reportado ao ponto de separação, como critério de repartição dos custos conjuntos pelos produtos principais

A empresa utiliza o Sistema de Custeio Total Completo.

Pedidos:

Determine:

1. Os gastos de conversão totais dos departamentos principais.
2. Os custos de produção, total e unitário, de M e N (arredondados a duas casas decimais).
3. A margem bruta por produto e o resultado global antes de impostos (com base nos custos apurados na questão anterior)

Exercício 187 **Abel e Sintra**

A empresa Abel e Sintra, Lda., dedica-se à produção e comercialização de compotas caseiras e sumos de fruta natural. A empresa possui vários pomares de onde são obtidos os frutos, nomeadamente laranjas, maças, ameixas e pêssegos. Relativamente à área de negócio Compotas e Sumos de Pêssego, o processo produtivo é o seguinte:

- Na secção de Lavagem e Descasque, os pêssegos são lavados e descascados, sendo-lhe retirados os caroços que são depositados em monte ao ar livre;
- Na secção de Trituração, os pedaços de pêssego são reduzidos a uma massa homogénea designada por polpa de pêssego;
- Na secção e Preparação, à polpa de pêssego são adicionados água e açúcar, sendo esta mistura sujeita a uma cozedura de modo a obter a compota de pêssego. As compostas são vendidas em frascos de 200 g, pelo que passam desta secção à da Embalagem;
- O sumo e os mostos de pêssego resultantes do processo de trituração são sujeitos a um processo de liquidificação, sendo adicionados de açúcar (secção de Liquidificação). Os sumos são embalados, na secção apropriada (Embalagem), em garrafas de 1 litro;

- As cascas de pêssego, resultantes do Descasque, são sujeitas a um processo de desidratação e redução a pó, na Secção de Desidratação, e ensacadas, na Embalagem, sendo vendidas a empresas de cosmética.

Da contabilidade do mês de maio, retiraram-se os seguintes elementos:

1. Produção e Vendas

Produtos e Subproduto	**Produção**	**Vendas**	**Preço de Venda**
Compotas (frascos)	50 000	35 000	4,2 €
Sumos (garrafas)	20 000	17 500	2,0 €
Pó de Cascas (kg)	3 500	3 000	5,0 €

2. Gastos Industriais:

Descrição	**Valor**
Pêssegos colhidos (35 000 kg)	0,4/kg
Gastos da Secção de Lavagem e Descasque	40 000 €
Gastos da Secção de Trituração	12 000 €
Gastos da Secção Desidratação	5 000 €
Consumo das matérias diversas e gastos da Secção de Preparação	5 000 €
Consumo de matérias diversas e gastos da Secção de Liquidificação	7 000 €
Consumo de Frascos e gastos da Secção de Embalagem de Compotas	21 300 €
Consumo de garrafas e gastos da Secção de Embalagem de Sumos	11 700 €
Consumo de embalagem e gastos da Secção de Embalagem de Pó de Cascas	2 450 €

3. Gastos Não Industriais:

Descrição	**Valor**
Gastos Administrativos	10 000 €
Gastos de distribuição variáveis	2% do valor das vendas
Gastos de distribuição fixos	4 500 €

Pedidos:

1. O custo de produção unitário de cada coproduto e subproduto (arredondado a duas casas decimais) utilizando o critério do Valor de Venda da Produção

Reportado ao Ponto de Separação e o critério mais apropriado para a valorização do subproduto.
2. A margem bruta por produtos e o resultado operacional global (com base no custo apurado na questão anterior).

Exercício 188 **Real Palm**

A Real Palm é uma empresa especializada na produção de conserva de palmito, de palmeira real. Esta empresa utiliza a palmeira real australiana, proveniente de plantações que respeitam o meio ambiente e estão comprometidas com a responsabilidade social.

A fábrica trabalho por turnos em laboração contínua, (30 dias por mês), e tem uma capacidade de produção diária de 16 000 kg de Palmeira Real, o que equivale a 4 000 kg de palmito comestível, uma vez que 75 % é resíduo. Do palmito comestível, 30 % são convertidos em toletes (pequenos rolos), 15 % em rodelas e 55 % em picado.

O processo produtivo está dividido em três departamentos principais: Descasque/corte (D/C, Processamento, (P), Cozimento/Embalamento (C/E), e um auxiliar, departamento Laboratório, (L).

Descasque/corte: recebe a matéria-prima, (palmeira), descasca-a, retira-lhe as partes fibrosas, lava-a e corta-a, separando-a em três partes combustíveis, (a parte própria para toletes, a parte destinada a rodelas e parte aproveitável para picado). Destas operações resulta um resíduo (bainhas externas e medianas), que é vendido a uma indústria de suplementos alimentares para animais a 2 €/Ton., sendo o transporte por conta dessa indústria, (5 €/Ton.).

Processamento: a parte destinada a picado, como é mais dura, é triturada; a parte reservada a rodelas, que tem uma dureza intermédia, é cortada nessa forma para permitir uma melhor cozedura, a parte própria para toletes é cortada em rolos do comprimento desejado. Todos os produtos são depois envazados em frascos de vidro cobertos com salmoura (mistura de água com alguns sais e ácidos). Cada frasco tem capacidade para 500 gramas, sendo a composição de 300 gr de palmito e 200 gr de salmoura. Nesta fase já não ocorrem desperdícios de palmito.

Cozimento e Embalagem: neste departamento os frascos de vidro dos vários produtos são sujeitos a uma cozedura de uma hora de duração, e refrigerados com vista a evitar a quebra dos frascos. Depois os fracos são rotulados e acondicionados em caixas. As caixas de Toletes e as de Rodelas têm capacidade para quinze frascos e as caixas de Picado têm capacidade para 20 frascos.

Dados recolhidos do mês de junho:

Produção acabada à saída do Processamento e do Cozimento/Embalamento:

Palmito em:	**Processamento**	**Cozimento/Embalagem**
Toletes	23 400 Kg	78 000 Frascos
Rodelas	11 700 Kg	39 000 Frascos
Picado	42 900 Kg	143 000 Frascos

Preços de venda, por Frasco:

Toletes	2,50 €
Rodelas	2,00 €
Picado	1,75 €

Custos e atividade dos departamentos:

	Descasque/ Corte	**Processamento**	**Cozimento e Embalagem**	**Laboratório**	**Total**
Custos energéticos	200,00 €	750,00 €	1 450,00 €	50,00 €	2 450,00 €
Outros FSE	499,20 €	519,50 €	1 102,50 €	100 €	2 221,20 €
Depreciações (quotas constantes)	1 300,00 €	1 700,00 €	13 000,00 €	350,00 €	16 350,00 €
Atividade	Hh	Hh	Unidades Produzidas (Frascos)	320 análises	

Os trabalhadores da área da produção são remunerados a 7 €/hora (inclui encargos obrigatórios e facultativos que correspondem a 35 % sobre as remunerações).

	D/C	**P**	**C/E**	**L**
Horas homem	2 352	1 150	2 400	480

No departamento de Processamento verificou-se que 25% das horas homem foram dedicadas ao Tolete 20% às Rodelas e 55% ao Picado.

O Laboratório realiza análises à qualidade e conformidade do produto em dois departamentos Processamento e Cozimento/Embalamento, sendo que, neste mês, realizou 200 análise para o Processamento e 120 para o Cozimento/Embalamento.

Não se registaram quebras nos frascos durante o processo produtivo, bem como não existiam produtos em curso nos departamentos principais nem no inicio nem no fim do mês.

Inventários		**1 junho**	**30 junho**
Matéria-prima	Palmeira real	50 Ton a 500 €	?
Produtos Acabados	Frascos de Picado	40 000 unid. a 0,8 €	43 000 unid.
	Frasco de Rodelas	–	4 000 unid.
	Frascos de Toletes	–	–
Embalagens	Frascos/Tampas	0	?
	Caixas	0	?
Rótulos		0	?

Compras do mês:	**Junho**
Palmeira real	350 Ton a 580 €
Salmoura	52 000 Kg a 0,2 €
Frasco (vidro e tampa)	300 000 a 0,27 €/cada
Rótulo	300 000 a 0,01 €/cada
Caixas	20 000 a 0,05 €/cada

A Real Palm Lda. utiliza as seguintes metodologias para apurar o custo dos produtos:

- Método dos Centros de Custos,
- Critério do valor de venda da produção reportado ao ponto de separação para repartir os custos conjuntos pelos coprodutos e o critério mais adequado para valorizar os produtos secundários (na distribuição dos custos conjuntos pelos produtos principais utilize percentagens arredondadas, sem casas decimais);
- O FIFO para valorizar as saídas de inventários.

Pedidos:

1. Calcule o custo unitário dos departamentos de produção principais;
2. Calcule do custo unitário de produção de cada um dos produtos principais (valores arredondados a duas casas decimais).

Exercício 189 **Jotamarcos**

A empresa Jotamarcos, Lda. dedica-se à produção dos produtos X, Y que são vendidos a granel e o produto Z que é vendido em embalagens de 100 Kg, tendo o seguinte processo produtivo:

- As matérias-primas A e B dão entrada no Departamento I, onde são transformadas num produto semiacabado que segue para o Departamento II e originando alguns resíduos que têm de ser eliminados. Neste Departamento II são adicionadas algumas matérias subsidiárias, obtendo-se os produtos principais X, Y e Z e o subproduto S.
- Os produtos X e Y seguem para armazém para serem vendidos e o produto Z segue para o Departamento de embalagem.
- Existe um Departamento Auxiliar que presta serviço aos dois departamentos principais I e II, que por sua vez prestam serviços um ao outro.
- Existe ainda um Armazém de matérias-primas, cujos custos são repartidos pelas matérias-primas consumidas A e B, proporcionalmente às quantidades consumidas no período.
- A empresa utiliza o Sistema de Custeio Variável e valoriza as saídas de armazém pelo FIFO.
- Os produtos principais são valorizados pelo critério do valor da venda reportado ao ponto de separação e o subproduto é valorizado pelo critério do lucro nulo.
- A eliminação dos resíduos implica um custo adicional de 1 €/kg.

Da contabilidade relativa ao mês de outubro de N, recolheram-se os seguintes elementos:

1. Matérias Primas, Subsidiárias e Embalagens

	Inv. Inicial	Inv. Final	Consumo	Compras
M. Prima A	1,4 Ton a 3 000 €/Ton	0,2 Ton	1,3 Ton	?
M. Prima B	3,6 Ton a 1 200 €/Ton	3,8 Ton	?	10,2 Ton a 1 500 €/Ton
Mat. Subsid.	0	0	?	1 500 €
Embalagens	1 000 unid a 0,01 €/unid	50 unid	?	? unid a 0,015 €/unid

2. Custos diretos dos departamentos:

	Arm. MP	Depart. I	Depart. II	Embalagem	Auxiliar
Custos Diretos:					
Variáveis	734,50 €	1 505,50 €	5 000,00 €	5 069,00 €	750,00 €
Fixos	2 076,89 €	5 750,00 €	11 500,00 €	1 100,00 €	1 000,00 €
Unidade de Obra	Qt consumida	HH	HM	-	kW

3. Repartição da atividade dos departamentos:

	Depart. I	Depart. II	Total
Depart. I	5 989,5 HH	1 270,5 HH	7 260 HH
Depart II	362,70 HM	3 264,3 HM	3 627 HM
Dep. Auxiliar	3 000 kW	22 000 kW	25 000 kW

4. Produtos Principais, Subproduto e Resíduos

	Inv Inicial		Produção		Vendas	
	Qt	Custo unit.	Qt	Custo unit.	Qt	Preço unit.
Produto X	1 000	3,5 €	8 000	?	8 100	10,0 €
Produto Y	900	3,0 €	2 500	?	2 600	8,0 €
Produto Z	400	2,8 €	1 500	?	1 400	7,5 €
Subproduto S	100	2,0 €	400	?	500	5,0 €

Relativamente ao resíduo foram produzidas 0,1 toneladas no mês de outubro.

5. Custos de distribuição:

Produto X	3,00 € por unidade vendida
Produto Y	2,96 € por unidade vendida
Produto Z	3,0(6) € por unidade vendida
Subproduto S	1,00 € por unidade vendida

6. Gastos Administrativos e Financeiros (fixos): 12 125 €

Pedidos:

1. Determine o custo total dos departamentos I e II e os respetivos custos por unidade de obra.
2. Apure o custo de produção unitário dos produtos principais X, Y e Z (arredondados a 4 casas decimais).
3. Elabore a Demonstração dos Resultados por Funções e por produto (com base nos custos apurados na questão anterior).

Exercício 190 **Lactimais**

A empresa Lactimais está sediada no distrito de Aveiro e dedica-se à fabricação de produtos derivados do leite, nomeadamente leite condensado e manteiga.

O processo produtivo da empresa resume-se no seguinte:

✓ No armazém de matérias-primas, o leite é acondicionado, aguardando a sua integração no processo produtivo que ocorre na secção A;

✓ Na Secção A, procede-se à transformação do leite obtendo-se as Natas e o Leite desnatado;

✓ Na Secção B1 transformam-se as Natas em Manteiga, que é distribuída embalada junto dos retalhistas da região (não segue para o armazém de produtos acabados);

✓ Na Secção B2, procede-se à transformação do Leite Desnatado em Leite Condensado Magro, juntando-lhe açúcar. O Leite condensado é embalado nesta secção sendo aprovisionado no armazém de produtos acabados;

✓ No armazém de produtos acabados, procede-se ao aprovisionamento do Leite Condensado até ao momento da sua expedição para os clientes.

Da contabilidade do mês de setembro do ano N retiraram-se os seguintes elementos:

- Produção e Vendas

Produtos	Unid física	Produção	Vendas	Preço de venda
Manteiga	Tonelada	100	100	803,12 €
Leite condensado	Tonelada	25	28	2 377,52 €

- Inventários iniciais dos produtos acabados

Produtos	Unid física	Inventários iniciais
Manteiga	Tonelada	0
Leite condensado	Tonelada	5 Ton. a 1 980 €/Ton.

- Outras informações:

Descrição	Gastos (€)
Consumo de leite	40 000
Consumo de açúcar	3 000
Compras de leite	34 776
Compras de açúcar	3 024
Consumo de materiais de embalagem:	
Para a manteiga	1 000
Para o leite condensado	3 188
Armazém de matérias-primas	8 000
Secção A	16 000
Secção B1	13 312
Secção B2	7 000
Armazém de produtos acabados	1 610

- O custo do armazém de matérias-primas é imputado ao leite e ao açúcar consumidos, em função do valor das compras de matérias-primas.
- O custo do armazém de produtos acabados é afetado apenas ao Leite Condensado, para efeitos de cálculo da margem direta.
- A empresa utiliza como critério de saída de inventário o Custo Médio Ponderado.

Pedidos:

Apure o custo unitário de produção dos produtos acabados:

1. Utilizando como critério de repartição dos custos conjuntos pelos coprodutos, as quantidades produzidas.
2. Utilizando como critério de repartição dos custos conjuntos pelos coprodutos, o valor de venda reportado ao ponto de separação (valor realizável líquido estimado).

Exercício 191 **Drink**

A empresa Drink, SA é uma empresa que se dedica à produção conjunta e comercialização de dois produtos principais: X e Y.

O seu processo de fabrico pode ser descrito da seguinte forma:

- Na secção I, as matérias-primas A e B são consumidas logo no início do processo produtivo que ocorre nesta secção, sendo transformadas no produto semiacabado S.
- O subproduto S segue de imediato para a secção II, onde lhe é adicionada a matéria-prima C, dando origem ao produto X, ao subproduto R e ao produto semiacabado T.
- O produto semiacabado T segue para a secção III, onde lhe são adicionadas algumas matérias subsidiárias (a 90% do processo produtivo), dando origem ao produto Y (é obtida uma unidade de Y por cada unidade processada de T).
- Existem ainda duas secções auxiliares – Secção IV e Secção V, que para além de prestarem serviço à secção I, prestam também serviços uma à outra.
- A empresa utiliza o Sistema de Custeio Total Racional
- A empresa valoriza as saídas de armazém ao Custo Médio Ponderado.
- Os custos conjuntos são distribuídos pelos produtos principais de acordo com o critério do valor realizável líquido estimado (ou do Valor de Venda Reportado ao Ponto de Separação).
- O subproduto R é valorizado ao lucro nulo.

Da contabilidade relativa ao mês de outubro do ano N, obtiveram-se as seguintes informações:

1. Secções Principais/ Auxiliares:

	Principais			Auxiliares	
	Secção I	**Secção II**	**Secção III**	**Secção Auxiliar IV**	**Secção Auxiliar V**
Atividade: Normal Real	 2 500 Kg 2 000 Kg (*)	 3 125 Hm 2 500 Hm	 1 200 Hh 1 200 Hh	 4 000 Hh 4 000 Hh	 6 000 Hm 3 000 Hm
Custos diretos (€):					
Variáveis	6 448,60	3 500	4 450	-	250
Fixos	4 200,00	5 100	2 500	1 600	500

(*) A unidade de obra da secção I é o Kg do produto semiacabado S produzido num dado período

2. Repartição da atividade das secções:

	Secção I	**Secção Auxiliar IV**	**Secção Auxiliar V**
Secção Aux. IV	3 000 Hh	-	1 000 Hh
Secção Aux. V	1 800 Hm	1 200 Hm	-

3. Matérias Primas e Subsidiárias:

	Inv. Inicial	**Inv. Final**	**Consumo**	**Compras**
Mat. Prima A	1 400 Kg a 3 €/kg	200 Kg	1 200 Kg	0
Mat. Prima B	2 500 Kg a 0,98 €/kg	2 800 Kg	?	10 500 Kg a 1,5 €/kg
Mat. Prima C	200 Kg a 2 €/kg	0	?	800 Kg a 2,2 €/kg
Mat. Subsidiárias	0	0	?	1 800 €

4. Produtos Finais X e Y e Subproduto R:

Inventário Inicial		**Produção**		**Vendas**		
	Quant.	**Custo unitário**	**Quant.**	**Custo unitário**	**Quant.**	**Preço de Venda**
Produto X	0	0	7 500	?	6 700	10 €
Produto Y	2 000	2,875 €	12 500	?	13 000	9 €
Subproduto R	0	0	690	?	500	3 €

5. Custos não Industriais
- Comerciais (variáveis): 2% das vendas
- Administrativos e Financeiros (fixos): 10 500 €

Pedidos:

1) Apure o custo total dos departamentos principais.
2) Determine o valor total dos custos conjuntos a repartir pelos produtos principais.
3) Determine o custo de produção, total e unitário, dos produtos X e Y.
4) Elabore a Demonstração dos Resultados por Funções e por produto.
5) Suponha agora que existia produção em vias de fabrico inicial e final, quer na secção I, quer na secção III, de acordo com informação do quadro seguinte.

	Unidades físicas	**Grau de Acabamento (*)**	**Valor**	
			Materiais consumidos	**Gastos de Conversão (1)**
PVF inicial: Secção I Secção III	 250 Kg 500 unid	 80% 50%	 1 670 € 1 533,775 € (2)	 2 261,40 € 2 545,00 €
PVF final: Secção I Secção III	 300 Kg 400 unid	 60% 40%		

(1) as taxas de acabamento referem-se aos custos de transformação, que são lineares ao longo dos diversos processos produtivos, em cada um dos departamentos.
(2) valor correspondente ao produto semiacabado T

Determine o custo de produção unitário dos produtos X e Y, sabendo que a empresa utiliza o método das unidades equivalentes para valorizar a produção em vias de fabrico, utilizando o critério das quantidades produzidas para repartir os custos conjuntos pelos produtos principais (quando necessário, utilize valores arredondados a duas casas decimais).

Exercício 192 **Arrozeiras Mundiarroz**

A Arrozeiras Mundiarroz, S.A. tem como principal atividade a industrialização (descasque, seleção, vaporização e embalamento) e comercialização (compra e venda) de arroz.

1. O processo produtivo compreende quatro fases: Descasque, Seleção, Vaporização e Embalagem:

   I. Fase de Descasque: é consumido o arroz com casca e são obtidos o arroz descascado e a respetiva casca. A casca é vendida a granel, a empresas que se dedicam à produção de rações para animais, ao preço de 55 € cada tonelada, entregue na empresa do cliente. Os compradores da casca são angariados por um vendedor que recebe à comissão (20% do valor das vendas).

   II. Fase de Seleção: o arroz descascado é selecionado, em função do seu grau de integridade física e brancura, de onde resultam dois tipos de produtos:
      - Arroz V, o qual segue para a Vaporização e vendido a 0,63 €/kg;
      - Arroz I, o qual segue para a Embalagem e é vendido a 0,36 €/kg;

   III. Fase da Vaporização – o arroz V sofre uma cozedura em estufa, por submissão a vapor, e segue, depois de arrefecer e secar, para a Embalagem.

   IV. Fase de Embalagem: os tipos de arroz V e I são embalados em pacotes de 1 kg.

2. Custos de Transformação Mensais dos Departamentos:

	Descasque	**Seleção**	**Vaporização**	**Embalagem (*)**
Custos de Transformação	15 000,0 €	20 000,0 €	9 800,0 €	15 000,0 €

(*) os custos de transformação totais do departamento Embalagem aplicados ao produto V foram, no período, o dobro dos aplicados ao produto I

3. Os custos das embalagens consumidas são de 0,09 € para cada embalagem de V e de 0,04 € para cada embalagem de I.
4. No último mês (considerado normal em termos de produção) verificaram-se as seguintes quantidades produzidas:

Produtos	**Quantidades Produzidas**
V	400 000 Kg
I	600 000 Kg
Casca	350 000 Kg

5. O arroz (com casca) é comprado a 0,20 €/ kg.
6. Não existem perdas de peso, ao longo do processo produtivo.

Pedido:

Calcule o custo de produção unitário de V, I e da Casca, utilizando os critérios que considerar mais adequados para valorização do subproduto e utilizando o método da Margem Bruta Percentual Constante para valorização dos coprodutos.

4.4. Produção Defeituosa

Exercício 193 **INDAUTO**

Certa empresa industrial, que segue o custeio por encomenda, lançou em fabrico, em certo período N, a ordem de encomenda colocada por um seu cliente e correspondente a 6.000 unidades do produto XYZ. Quanto a esta ordem de encomenda, a empresa apurou custos de produção no montante de 86.130€.

Sabe-se ainda que a empresa considera normal a obtenção de produtos defeituosos em quantidade até 1% da produção total e que no período em análise se obtiveram 5.900 unidades de produto sem qualquer defeito.

Pedido:

Calcule o total de custos de produção, que devem ser considerados custos acidentais (não inventariáveis).

Exercício 194 **Delta**

A empresa Delta produz um único produto, sendo a sua produção sujeita a um rigoroso controlo de qualidade efetuado no final do processo produtivo. Durante todo o processo de fabrico não se verificam perdas ou aumentos de peso e a empresa considera como taxa normal de produtos defeituosos 5% dos materiais consumidos.

Relativamente a um dado período conhecem-se os seguintes elementos:

	Unidade	Quantidade	Valor
Materiais consumidos no período	Kg	10 800	28 455€
Gastos diretos com pessoal da produção do período	Hh	2 000	12 495 €
Gastos indiretos de produção do período	Hm	4 000	36 000 €
Produção acabada sem defeito	Kg	9 900	?

Nem no início nem no final deste período existiam produtos em curso ou acabados.

Pedidos:

1. Considerando que a produção defeituosa não tem mercado, determine o custo da produção sem defeito acabada neste período.
2. Considerando que:

Vendas do período	Kg	Preço venda unitário
Produção sem defeito	9 000	15 €
Produção defeituosa normal	40	5,13 €
Produção defeituosa anormal	60	4 €
Inventários iniciais de produtos acabados (bons e defeituosos)	0	-

Determine:

a) O custo da produção sem defeito acabada neste período;
b) O valor dos inventários finais de produtos acabados sem defeito
c) O valor dos inventários finais de produtos acabados com defeito.

Exercício 195 **Mateus**

A empresa Mateus, Lda. fabrica o produto GY50 que vende a empresas do setor da construção naval. A empresa considera normal a obtenção de unidades com defeito até ao limite de 1% da produção iniciada. As unidades com defeito obtidas são vendidas ao preço de 20 €/unidade, sendo as unidades sem defeito vendidas a 150 €/unidade. No mês de janeiro do ano N, deu-se inicio a uma ordem de produção de 500 unidades do produto GY50, tendo-se obtido apenas 480 peças sem defeito. O Custo das Matérias-Primas Consumidas e os gastos de transformação ascenderam, no referido mês, a 49 600 €.

Pedidos:

1) Calcule o custo unitário das unidades sem defeito entradas em armazém.
2) Indique os valores a creditar na conta 94.2.GY50 – Custos de Produção do produto GY50, relativamente a:

a) Produção sem defeito entrada em armazém;
b) Produção defeituosa normal entrada em armazém;
c) Produção defeituosa anormal entrada em armazém;
d) Resultados acidentais.

3) Apresente os lançamentos contabilísticos a apresentar na conta 94.2.GY50 – Custos de Produção do produto GY50.
4) Admita que irá deixar de haver mercado para escoar as unidades defeituosas e que estas não têm qualquer valor de utilização interna para a empresa, pelo que passarão a ter que ser eliminadas. Se o custo de eliminação das unidades com defeito tiver um custo de 4,75€ por unidade:
   a) Determine o impacto no custo unitário das unidades sem defeito, face à situação anterior.
   b) Determine o novo valor dos resultados acidentais.
   c) Apresente os lançamentos contabilísticos a apresentar na conta 94.2.GY50 – Custos de Produção do produto GY50.

Exercício 196 **Modelo AAA**

A ordem de produção n.º 2013/115AAA – 10 000 peças modelo AAA – totaliza, no final de um período contabilístico, 85 350 € de matérias-primas e 73 410 € de custos de transformação. Os serviços fabris definiram que os defeitos normais possam atingir 2% da produção lançada em fabrico. No período obtiveram-se 250 peças com defeito.

Pedidos:

1. Calcule o custo unitário e o custo total da produção útil, assim como o valor dos resultados acidentais, no pressuposto que a recuperação da produção com defeito não é viável.
2. Considerando que a produção defeituosa tem mercado e que o preço de venda da produção defeituosa normal é de 17,15 €/peça e o preço de venda da produção defeituosa anormal é de 14 €/peça, determine o valor dos resultados acidentais, o valor da produção útil e o valor total da produção entrada em armazém.

Exercício 197 **Alferreira**

A empresa Alferreira, Lda. produz um único produto, sendo a sua produção sujeita a um rigoroso controlo de qualidade efetuado no final do processo produtivo. Durante todo o processo de fabrico não se verificam perdas ou aumentos de peso e a empresa considera como taxa normal de produção defeituosa de 4%. A produção acabada total tem como unidade física a unidade. A empresa não utiliza internamente a produção defeituosa obtida nem a vende por não existir mercado para a mesma.

Relativamente a um dado período conhecem-se os seguintes elementos:

	Unidade física	**Quantidade**	**Valor**
Materiais comprados no período	Kg	21 600	26 745 €
Custos com MOD do período	Hh	4 000	12 495 €
Gastos indiretos de produção do período	Hm	8 000	36 000€
Produção acabada sem defeitos esperada	unidade	19 800	?
Produção acabada defeituosa normal	unidade	825	?

Nem no início nem no final deste período existiam produtos em curso, nem inventários iniciais e finais de materiais em armazém.

Pedidos:

1. Determine o custo da produção sem defeito efetiva, obtida neste período, correspondente a 18 000 unidades.
2. Determine o montante de resultados acidentais correspondentes à produção defeituosa.

Exercício 198 **Semdefeitos**

A empresa Semdefeitos, Lda. pretende contratar um contabilista de gestão tendo em vista a melhoria do processo de cálculo dos custos de produção, nomeadamente no que se refere à valorização da produção defeituosa obtida apesar dos investimentos da empresa na área da qualidade. Nesse sentido colocou as seguintes situações a serem resolvidas pelos candidatos:

Caso 1	Produção sem defeito: 9 800 unidades Custos de produção: 10 000 € Existiu uma quebra anormal de produção de 200 unidades
Caso 2	Produção sem defeito: 950 unid. Produção defeituosa anormal: 50 unid. Custos de produção: 10 000 € A produção defeituosa anormal entra novamente no processo de fabrico como matéria--prima com um valor de 7 €.
Caso 3	Produção sem defeito: 9 000 unid. Produção defeituosa normal: 600 unid. Produção defeituosa anormal: 400 unid. Custos de produção: 20 210 €

Pedido:

Em cada um dos casos apresentados, valorize os inventários de produção obtidos, sem defeito e com defeito.

Exercício 199 **RRNC**

A RRNC, Lda. é uma metalúrgica de alta precisão que produz peças para todos os setores de atividade. Nesta empresa, o apuramento do custo dos produtos é feito com recurso ao custeio normal. Para o efeito estimou, como habitualmente, uma taxa de Mão de Obra Direta e uma taxa de Gastos Indiretos de Produção para o ano N, sendo respetivamente 8,5 € por hora de MOD e 25 € por hora máquina.

Na primeira quinzena do mês de outubro do ano N recebeu, iniciou e terminou uma encomenda da Embraer Portugal de 120 000 peças, referência EB287.

Atendendo ao histórico de produção desta peça a empresa previa obter 5% de peças não conformes. No entanto, no final da quinzena verificou-se uma percentagem de 7,5%. Todas as peças não conformes desta referência são vendidas como sucata a 0,15 €/unid.

Na 1.ª quinzena do ano N registou os seguintes dados relativos à encomenda da Embraer:

- Consumo de aço: 19 380 €.
- Horas máquina aplicadas nesta encomenda: 360
- Horas homem aplicadas nesta encomenda: 120

Pedidos:

1. Valor de entrada em armazém dos inventários da produção, conforme e não conforme, relativa à encomenda da Embraer (desprezando eventuais diferenças de imputação).
2. Valor dos gastos acidentais respeitantes à encomenda referida.
3. Sabendo que a empresa durante o mês de outubro registou 7 200 horas máquina, 2 400 horas homem, gastos de mão de obra de 18 400 € e de Gastos Indiretos de Produção de 202 000 €, determine as diferenças de imputação e classifique-as.
4. Determine o valor real do custo da encomenda referida, após efetuar o rateio das diferenças de imputação e tendo ainda em conta que houve uma requisição de aço, no valor de 3 560 €, que, por lapso não tinha sido registada na folha de obra desta encomenda.
5. Indique as correções a efetuar no valor dos inventários de produção, conforme e não conforme, e nos gastos acidentais.

Exercício 200 **Lucas**

A empresa Lucas, S.A. fabrica, entre outros, o produto X, relativamente ao qual estabeleceu 3% como taxa normal de defeitos, sobre as quantidades entradas em produção. As unidades defeituosas obtidas ao longo de cada período seguem para armazém, para serem posteriormente vendidas como sucata a outras empresas, ao preço de 6,15 €/kg, implicando gastos de venda de 150 € por cada tonelada vendida.

No período N foram lançadas em fabrico 80 000 unidades do produto X, tendo sido obtidas 4 000 unidades defeituosas. Cada unidade, com ou sem defeito pesa 2 kg.

No período N, registaram-se 1 630 800 € de custos de produção respeitantes ao produto X, tendo os inventários iniciais e finais de produção em curso deste produto sido mensurados pelas quantias de 100 000 € e 150 000 € respetivamente.

Pedidos:

1) Diga qual deverá ser o critério de valorização a utilizar na mensuração da produção defeituosa obtida pela empresa Lucas, S.A.
2) Apure o valor a atribuir aos seguintes produtos entrados em armazém durante este período:
   a) Produto X sem defeito;
   b) Produto X com defeito (sucata);
3) Apure o valor de eventuais resultados acidentais (gastos de produção não inventariáveis).

Exercício 201 **Megaflex**

A empresa Megaflex produz, no departamento X, em regime de produção conjunta, os coprodutos ALFA e DOMUS e o subproduto FAMUS.

O departamento X é muito evoluído em termos tecnológicos, pelo que da mistura das várias matérias-primas introduzidas, resultam necessariamente os dois coprodutos quantificáveis em kg e Caixas, respetivamente.

O produto ALFA, semiacabado à saída do departamento X, segue para o departamento Y onde sofre um ligeiro processo de transformação, antes de seguir para o armazém de produtos acabados, sendo posteriormente vendido a 20 €/kg.

O produto DOMUS, semiacabado à saída do departamento X, segue para o departamento Z onde é sujeito a um processo de transformação, antes de seguir para o armazém de produtos acabados, sendo posteriormente vendido a 8 €/caixa.

Sabe-se ainda que, do processo produtivo que ocorre no departamento X, resulta o subproduto FAMUS, em quantidades que variam com o volume de matéria-prima que inicia processamento. Este subproduto tem valor de venda (1,5 €/litro.), depois de sujeito a um processo de transformação que custa à empresa (0,25 €/litro.).
Dados relativos a setembro de N:

i) Gastos do departamento X (matérias-primas e custos transformação): 46 500 €;
ii) Gastos do departamento Y (custos de transformação): 11 500 €;
iii) Gastos do departamento Z (custos de transformação): 21 100 €;
iv) Qt. produzida: ALFA: 3 000 kg; DOMUS: 6 000 caixas; FAMUS: 500 litros.;
v) Qt. vendida: ALFA: 2 750 kg; DOMUS: 6 000 caixas; FAMUS: 420 litros.;
vi) Gastos comerciais na ordem dos 5% das vendas (apenas para ALFA e DOMUS).

Pedidos:

1. Calcule o custo de produção unitário (arredondado a duas casas decimais) de cada um dos coprodutos, adotando o método do valor realizável líquido estimado (valor de venda da produção reportado ao ponto de separação), para repartir os custos conjuntos pelos coprodutos. Relativamente ao subproduto FAMUS, utilize o critério que entender mais adequado.
2. Com base nos custos apurados no ponto anterior, calcule a margem bruta total e por produto para o período em análise.
3. Imagine que do output total do departamento Y (3 000 kg), 350 kg resultam defeituosos, sendo considerado normal que 10% do output total resulte com defeito. Partindo do pressuposto de que os custos totais de ALFA (conjuntos e específicos de produção) eram de 44 100 €, valorize e trate adequadamente os vários tipos de produção de ALFA (sem defeito, defeituosa normal e defeituosa anormal), tendo em conta que as unidades com defeito são vendidas a 3 €/kg.

Exercício 202 **Tece Lux**

A empresa Tece Lux, Lda. é uma pequena empresa que produz tecidos de luxo, incorporando uma grande componente tecnológica no seu design e produção. Prima por um elevado controlo da qualidade dos seus produtos efetuando em vários pontos do seu processo produtivo várias inspeções. Apesar de todo o cuidado com o controlo da qualidade e de ter a meta de "zero defeitos" a empresa continua a ter produtos defeituosos a uma taxa normal de 3% da sua produção total de produtos acabados (PA).

Relativamente a um dado período conhecem-se os seguintes elementos para a produção do Tecido com a referência LUX 135:

	Unidade	**Quantidade**	**Valor**
Materiais consumidos no período (vários tipos de fios)	m^2	12 800	26 150 €
Custos com MOD	Hh	2 000	12 400 €
Gastos indiretos de produção	Hm	4 000	36 000 €
Produção total (PA)	m^2	10 000	?
Produção acabada sem defeitos esperada	m^2	9 700	?
Produção defeituosa efetiva	m^2	350	?

Nem no início nem no final deste período existiam produtos em curso.
A produção com defeitos tem mercado e é vendida a 6 €/M^2.

Pedido:

Considerando os dados apresentados, determine:

1) O custo da produção sem defeitos efetiva;
2) O custo da produção defeituosa efetiva
3) Os resultados acidentais, caso existam, a levar à Demonstração dos Resultados.

Exercício 203 **Alfa 123**

Determinada empresa do ramo da siderurgia produz peças modelo Alfa 123 para o ramo automóvel, de forma padronizada, sendo normal a obtenção de 2% de defeitos de fabrico que são utilizados nas fabricações posteriores e mensurados ao preço da sucata adquirida no mercado a 1,5 €/kg. Em certo período a fábrica lançou em produção 40 000 unidades de Alfa 123, tendo obtido 1 250 unidades com defeito que pesaram 1 000 kg. Os gastos totais de produção atingiram no período 285 160 €.

Pedidos:

1. Determine o custo de produção total e o custo unitário de cada peça sem defeito que entrou em armazém.
2. Determine o valor a considerar em resultados acidentais.

Exercício 204 **Azulejaria de Alcobaça**

A Azulejaria de Alcobaça, Lda. é uma empresa familiar, mas com uma grande aposta na tecnologia, que se encontra a operar no mercado dos azulejos de revestimento.

O ciclo de produção inicia-se com a preparação da massa cerâmica e prossegue com a conformação (prensagem), secagem, preparação e aplicação de esmaltes e queima.

Fase I – Preparação da Pasta (barbotina): as matérias-primas (feldspato, argilas, talco, etc.) são moídas e homogeneizadas em moinhos de bola, em meio aquoso, resultando uma pasta meia seca denominada barbotina que passa à fase II.

Fase II – Prensagem e Secagem: nesta fase a barbotina é compactada (na espessura e tamanho desejados) dando origem aos azulejos em cru que seguem, através de rolos móveis, para o secador a fim de retirar a humidade residual.

Fase III – Esmaltação e Queima – aos azulejos em cru são aplicados esmaltes (decoração), para depois serem levados ao forno, acondicionados de forma a que o ar circule e assim se reduza o número de quebras. Tanto a queima como o arrefecimento posterior são efetuados de forma lenta. No final desta fase é feito um controlo de qualidade para averiguar da conformidade com os requisitos exigidos. Considera-se normal uma taxa de 3,125% azulejos não conformes (defeituosos).

Fase IV – Os azulejos depois serem sujeitos a um arrefecimento são embalados em caixas.

Da primeira para esta última fase todos os produtos (azulejos) sofrem uma perda de peso de 10%.

Durante o mês de novembro fabricou dois tipos de azulejo: Quadrado (Q) e Retangular (R), com as seguintes caraterísticas:

Produtos	Dimensões	Peso da Caixa	M2 por caixa	Número de Azulejos por caixa
Q	33x33	16,84 kg	1	6
R	30x60	25 kg	1	10

Produção Acabada no mês de novembro: 29 728 caixas de R e 20 000 caixas de Q, sendo que do produto R foram obtidos 6,25% de peças (azulejos) não conformes, classificados como subproduto RS e do produto Q registaram-se 3,125% de produtos não conformes, classificados como subproduto QS.

Valor do consumo das Matérias Primas da Fase I: 76 797,33 € para os azulejos retangulares (R); 34 802,67 € para os azulejos quadrados (Q).

Valor do consumo das Matérias Primas da Fase III: 10 807,37 € para os azulejos retangulares (R); 7 175,38 € para os azulejos quadrados (Q).

Gastos das Fases

	FSE	G. c/ Pessoal	Depreciações	Outros Gastos
Fase I	20 000 €	12 050 €	16 000 €	550 €
Fase II	16 250 €	2 520 €	14 500 €	750 €
Fase III	13 500 €	4 750 €	18 500 €	1 050 €
Fase IV	3 798 €	5 350 €	2 734 €	550 €

Os gastos comuns da Fases I, Fase II e Fase III são repartidos pelos produtos, em função das respetivas quantidades acabadas (quilos produzidos).

Os gastos comuns da fase IV (que incluem os custos das embalagens) são repartidos em função do número de caixas.

Preços de Venda:

Preço por caixa	Produção conforme	Produção com Defeito
R	12,30 €	5,5 €
Q	10,00 €	3,5 €

Pedidos:

1. O valor registado nos inventários de produtos acabados, no mês de novembro, considerando o critério mais adequado para a valorização dos subprodutos e que existe mercado assegurado para toda a produção com defeito.
2. Calcule o valor dos gastos acidentais.

Exercício 205 **Gomes e Silva**

A empresa Gomes e Silva, Lda. utiliza o Método dos Centros de Custos e o Sistema de Custeio por Ordem de Produção para atribuir custos aos produtos encomendados pelos seus clientes. Relativamente ao ano N, recolheu a seguinte informação acerca dos Gastos Indiretos de Produção:

Centros de Custo	Produção	Montagem	Manutenção	Controlo de Qualidade	Total
Custos Diretos (inclui MOD)	600 000 €	300 000 €	70 000 €	33 200 €	1 003 200 €
Gastos Indiretos	?	?	?	?	300 000 €

Centros de Custo	Produção	Monta-gem	Manu-tenção	Controlo de Qualidade	Total
Unidade de Obra	39 690 Hm	50 940 Hh			
N.º de trabalhadores	30	50	15	5	100

Os Gastos Indiretos das secções são repartidos proporcionalmente ao número de trabalhadores.

A Manutenção e o Controlo de Qualidade são secções auxiliares de produção, cujos custos serão incorporados nas secções principais de produção, da seguinte forma:

	Produção	Montagem	Manutenção	Controlo de Qualidade
Manutenção	60%	30%	–	10%
Controlo de Qualidade	55%	40%	5%	–

Relativamente a uma das ordens de a ordem de produção fabricadas no ano N, a OP X-20, correspondente a 2 000 unidades de produto X entradas em fabrico, obtiveram-se 100 unidades com defeito que são vendidas a 1€ por unidade.

Ainda quanto a esta ordem de produção (X-20), conhecem-se os seguintes elementos:

Ordem de produção X-20	Consumos
Custo dos materiais consumidos	3 048 €
Hm consumidas na Secção Produção	80 Hm
Hh consumidas na Secção Montagem	100 Hh

A empresa considera normal a obtenção de 4% de produção defeituosa (relativamente às quantidades totais fabricadas).

Pedidos:

1. Calcule o custo da unidade de obra de cada secção principal de produção, no ano N.
2. Calcule o custo total de produção das unidades sem defeito acabadas
3. Calcule o montante de resultados acidentais inerentes à produção defeituosa.

SOLUÇÕES

N.º	Soluções
1	- 20 000 €
2	1) Anexo E2.1; 2) Anexo E2.2
3	F. Produção: 51 820,00 €; F. Distribuição: 4 800,00 €; F. Administrativa: 3 035,00 €; F. Financeira: 1 205,00 €
4	Anexo E4
5	Gastos: 283 270 €; Rendimentos: 400 000 €
6	27 675,00 €
7	1) RB = 101 925 €; RL = 20 040 € 2) A: – 81 000 €; B: 4 575 €; C: 25 175 €; D: 25 175 €; E: 25 050 €; F: 20 040 €
8	1) 81 000 €; 2) 68 700 €; 3) RB: 125 500 €; RO: 68 700 €; RL: 68 700 €
9	1) RB = 558 728 €; RL = – 117 700 € 2) A: 86 072 €; B: 45 784 €; C: – 117 700 €; D: 0 €; E: – 117 700 €
10	1) 1 239 500 €; 2) 929 625 €; 3) 309 875 €; 4) RB: 1 083 500 €; RL: 850 000 €
11	1) 1 235 000 €; 2) 1 170 000 €; 3) 90 000 €; 4) RB: 1 000 000 €; RAI: 1 382 650 €
12	1) 34 636 unidades; 2) 1 904 980 €; 3) 1 904 980 €; 4) 1 450 899 €; 5) 454 081 €; 6) RB: 558 084 €; RAI: 77 525 €
13	1) 380 000 €; 2) 1 868 688 €; 3) 2 000 000 €; 4) 34 662 €
14	Anexo E14
15	1) Sistema Monista Radical; 2) Anexo E15.2; 3) Anexo E15.3
16	1) Sistema Duplo Contabilístico; 2) Anexo E16.2
17	Anexo E17
18	Anexo E18
19	Anexo E19
20	Anexo E20
21	Anexo E21
22	Anexo E22
23	1) Anexo E23.1; 2) Anexo E23.2
24	180 550 €

N.º	Soluções
25	265 000€
26	182 125€
27	1a) Far: 211 500 €; Banha: 60 000 €; Aç: 44 840 €; Cx: 69 300 €; 1b) Far: 141 000 €; Banha: 15 000 €; Aç: 11 800 €; Cx: 29 700 €; 2a) Far: 210 000 €; Banha: 60 000 €; Aç: 44 850 €; Cx: 69 000 €; 2b) Far: 142 500 €; Banha: 15 000 €; Aç: 11 790 €; Cx: 30 000 €
28	MP A: 3,215 €/Kg; MP B: 1,440 €/Kg
29	1) 0,50 € por € de compras; 2) Malte: 2 707,50 € (27,075 €/embal.); Lúpulo: 541,50 € (54,15 €/embal.); Água: 2 000 € (0,08 €/litro.); Leveduras: 240 € (24 €/embal.); Gritz: 2 430 € (24,30 €/embal.);
30	1) Custo total de M1: 602 040 €; Custo total de M2: 201 360 €; Custo unitário de M1: 5,017 €; Custo unitário de M2: 2,517 €; 2) Produto A: 249 085 €; Produto B: 371 925 €
31	1) M Carvalho: 5 700 €; M Cedro: 2 400 €; M Mogno: 4 500 €; Tintas T1: 450 €; Tintas T2: 300 €; Verniz T1: 750 €; verniz T2: 900 €; 2) 17 700 €; 3) 2 256 €
32	1) Quadros XCT: 19 200 €; Guiadores XTX: 3 200 €; Rodas XN18: 3 200 €; 2) Quadros XCT: 27 797 €; Guiadores XTX: 4 632 €; Rodas XN18: 4 968 €;
33	1) Branco: 16 587,90 €; Cinza: 17 088,75 €; Verde: 8 127,00 €; 2) Branco: 2 552,00 €; Cinza: 155,00 €; Verde: 2 535,00 €;
34	1) P: 48 800 €; B: 48 750€; CF: 10.500 €; 2) P: 17 550 €; B: 8 125 €; CF: 50 000 €; 3) P: 48 860 €; B: 48 607 €; CF: 11 244 €; 4) P: 17 490 €; B: 8 268 €; CF: 49 256 €
35	1) Consumo: 38 610 € (MP1); 388 407,50 € (MP2); 231 862 € (MP3); Inventários finais: 11 700 € (MP1€); 1 105 € (MP2); 7 650 € (MP3); 2) Consumo: 38 700 € (MP1); 388 407,50 € (MP2); 231 868 € (MP3); Inventários finais: 11 610 € (MP1€); 1 105 € (MP2); 7 644 € (MP3)
36	Compota de maçã c/ Gengibre: 2 343,75 €; Compota de maçã c/ Canela: 1 687,50 €; Maça desidratada: 3 225,00 €; Compota de pera c/ Gengibre: 2 462,50 €; Compota de pera c/ Canela: 1 806,25 €; Pera desidratada: 3 525,00 €
37	1) Cartão liso: 31 396 €; Cartão ondulado: 28 050 €; 2) Cartão liso: 6 840 €; Cartão ondulado: 5 500 €
38	1) C: 4 400 kg; M: 2 200 kg; A: 6 600 kg; O: 4 840 kg: F: 8 360 kg; 2) C: 2,80 €/kg; M: 3,70 €/kg; A: 0,50 €/kg; O: 2,70 €/kg: F: 0,35€/kg; 3) TC: 1,47 €/kg; TM: 1,58 €/kg.
39	1) Polietileno: 49 250 €; Poliestireno: 32 440 €; PVC: 5 350 €; 2) Polietileno: 54 600 €; Poliestireno: 38 377,50 €; PVC: 5 486,25 €; 3) 4 675 €
40	1) A: 736 300 € (19,90 €/unid.); B: 1 006 950 € (20,55 €/unid.); C: 628 070 € (18,10 €/unid.); D: 530 400 € (15,60 €/unid.); 2) 451 200 €
41	1) Madeira: 2 140 €; Cola: 50 €; Tintas: 540 €; 2) Madeira: 18 560 €; Cola: 30 €; Tintas: 560 €; 3) sub imputação de 30 €

N.º	Soluções
42	1) Malte: 150 000 kg; Lúpulo: 1 500 kg; Levedura: 750 litros; Água: 375 000 litros; 2) Malte: 23 802 €; Lúpulo: 4 560 €; Levedura: 18 339 €; Água: 750 €
43	5,33€
44	9 €/Hh
45	1) 15,35 €/Hh; 576 €/mês
46	15 €/hora
47	8,75 €/Hh
48	8,65 €/Hh
49	15,20 €/Hh
50	1) 1 200 €; 2) 10,80 €/Hh; 3) sub imputação de 3 040 €
51	1) 370 944 €; 2) 35 840 horas; 3) 32 256 horas; 4) 11,50 €/Hh; 5.a) 13,20 €/Hh; 5.b) Reparações: 402 124,80 €; gastos acidentais: 23 654,40 €
52	1) 14,50 €/hora; 2.a) 217.500 €; 2.b) 34 626 €; 2.c) 84.042 €
53	1) Produção de bens e serviços: 18 354 h; Manut.: 966 h; 2) 16,80 €/h; 3) MOD: 308 347,20 € ; Custos acidentais: 9 273,60 €; Outros custos: 16 228,80 €
54	1) 32€/Hh; 2) Custo dos produtos: 315 392 €; Outras funções: 78 848 €; Custos acidentais: 5 760€
55	1) 8,40 €/Hh; 2) 1 906,80 €; 3) Anexo E55.3
56	1) 7,75€; 2) 11 625€; 3) 26 000€; 4) 14 062,50€
57	1) 17,50 €/Hh; 2) Subimputação de 7 460 €
58	1) A = 7,00 €; B = 2,25 €; C = 2,625 €; 2) Redução de 0,55 €
59	Produto A: 980 000 €; Produto B: 1 402 000 €
60	Subimputação de 368 €
61	1) A: 2 730 €; B: 2 730 €; C: 3 955 €; 2) A: 4 095 €; B: 4 095 €; C: 5 932,50 €
62	1) Taxa: 18€/Hh; Subimputação de 337 500 €; 2.a) CPPV acrescido em 337 500 €; Resultado diminuído em 337 500 €; 2.b) Resultado diminuído em 172 968,75 €.
63	1) 542.300€; 2) Artesanais: 33,50 €/m^2; Industriais: 23,50 €/m^2
64	1) A: 22 500 €; B: 19 500 €; C: 18 000 €; 2) A: 21 741,50 €; B: 20 258,50 €; C: 18 000 €
65	1) GIP: 112 475 €. 2) 5,50 €/unid.
66	1) QI: 1 263,70 €; QD: 814,70 €; 2) 2 032 €; 3) QI: 9 162,07 €; QD: – 718,07 €
67	620 392€

N.º	Soluções
68	2,15€
69	53 187,50€
70	1.a) 4.000€; 1.b) 22.000€; 1.c) 2.500€; 1.d) 60.000; 1.e) 500€; 2) 13.000€
71	1) 65 280 €; 2) 67 779 €; 3) 64 600 €; 4) 23 579 €
72	1) MP A: 1,25€/Kg; MP B: 2,50€/Kg; 2) X: 19,00 €/un.; Y: 13,00 €/un.; 3) X: 148.650€; Y: 142.500€
73	1) 144 716 € e 24,20 €/unid; 2) 1 944 €; 3) 135 250 €
74	1) CPPF: 16 850 € (A); 13 925 € (B) / CPPA: 14 850 € (A); 12 425 € (B). CPPV: 14 850 € (A); 11 360 € (B); 2) RB (A): 5 400 €; RB(B): 6 240 €
75	1) 21 297 €; 2) 7 403 €
76	1) 1.105.000 €; 2) 1.120.600 €; 3) 1.032.480 €; 4) 467.520 €; 5) 133.520 €
77	1) 103 000 €; 2) 242 000 €; 3) 247 000 €; 4) 250 000 €; 5) 10 000 €
78	1) 59 000 €; 2) 72 000 €; 3) 7 000 €; 4) 217 000 €; 5) 117 000 €
79	1) 28.820,40€; 2) 13.479,60€; 3) 69.992,40€; 4) 70.080; 5) 8.760 unidades; 6) 8,00€/ unidade ; 7) 84.235€; 8) 34.685€; 9) 29.185€; 10) 27.685€
80	1) 9 300 Ton.; 2) 380 835 €; 3) 393 835 €; 4) 5 300 Ton.; 5) 382 395 € e 72,15 €/unid.; 6) 347 616 €; 7) 173 808 €
81	CPPF: 310 004 €; CPPA: 298 004 CPPV: 263 900 €
82	1) Chapa Serrada: 14 175 €; Degraus e Espelhos: 28 868,40 €; Peitoris, Soleiras e Ombreiras: 5 088 €; Tampos: 13 122 €; 2) Chapa Serrada: 1 417,50 €; Degraus e Espelhos: 28 050 €; Peitoris, Soleiras e Ombreiras: 3 975 €; Tampos: 12 000 €; 3) Chapa Serrada: 2 632,50 €; Degraus e Espelhos: – 7 650 €; Peitoris, Soleiras e Ombreiras: 525 €; Tampos: 36.000 €
83	1) 661.000 €; 2) 660 600 € e 36,70 €/unid.; 3) 550 500 €; 4) 12 825 €
84	116.000 €
85	1 129 500€
86	Superior em 35 000€
87	1.750 €
88	1) N-1: 1 370 €; N: 1 361 €; 2) N-1: 27 391 €; N: 13 613 €
89	1) 12 000 €; 2) 11.856 €
90	1) 1 200 000 €; 2) 99 750 €
91	1) 64 000 €; 2) 63 875 €

N.º	Soluções
92	1.a) CPPA (A): 68 200 €; CPPA(B): 105 000 €; CPPA unit (A): 62 €; CPPA unit (B): 70 €; 1.b) CPPV (A): 59 360 €; CPPV(B): 63 250 €; R: 63 390 €; 2a) CPPA unit (A): 54,30 €; CPPA unit (B): 60,10 €; 2b) 55 541 €
93	1) C1: 10,125 €; C2: 18,35 €; 2) 582 167 €
94	15 €/unidade
95	1) 80 000 €; 2) 96 000 €
96	Sistema de Custeio total Racional
97	1) 300 000 €; 2) 796 000 €
98	738 560 €
99	1) 1 400 €; 2) Sim, porque, uma vez que nem todos os produtos acabados foram vendidos no período, o valor dos inventários finais seria diferente nos dois sistemas de custeio.
100	1) CPPA: 356 400 €; CPPA unit.: 4,50 €/unidade; 2) -2 000 €
101	1) 1 230 €; 2) acréscimo de 0,125 €
102	1) CPPA(W): 23.283,20 €; CPPA unitário. (W): 6,80 €; CPPA(SW): 28.400 €; CPPA unitário (SW): 7,10 €; 2) 14 785,20 €
103	1) 1 2015 €; 2) 2 785 €
104	1) 0,60 €/Embalagem; 2) 1 140,65 €
105	10.750€
106	A: 52 250 €; B: 103 750 €; C: 156 000 €; D: 199 000 €; E: 39 000 €; F: 12 000 €
107	1) Período 1: 111.111 €; Período 2: 108 889 €; 2) Período 1: 11 111 €; período 2: 20 000 €; 3) 22 500 €
108	1) 3 €/hora; 2) 12 €/hora; 3) 45 000 €
109	1) PQ1: 4,62 €/caixa; PQ2: 3,12 €/caixa; 2) Anexo E109.2
110	1) DRF I: Sistema de Custeio Total Completo; DRF II: Sistema de Custeio Variável; DRF III: Sistema de Custeio Total Racional; 2) Diferença no valor dos inventários iniciais, em SCT e SCV: 5 000€; Diferença no valor dos inventários finais, em SCT e SCV: 7 500€; Diferença nos Resultados ,em SCT e SCV: 2 2500€
111	1) F. Produção: 172 175 € (CF) e 648 000 €(CV); F. Distribuição: 33 400 € (CF) e 5100 €(CV); F. Administrativa: 18 000 € (CF) e 0 €(CV); F. Financeira: 150 000 € (CF) e 0 €(CV); 2) CPPA: 90 €/Ton. e 0,45 €/saco; 3) RL: 585 900 €
112	1) P1: 198.500€, P2: 97.500€ e X1: 62.500€; 2) P1: 59€/Hm; P2: 35€/Hh
113	Secção Produção: 32,50€/Hm; Secção Montagem: 15€/Hh
114	1) Fabrico: 48 000 € e 19,20 €; Montagem: 35 400 € e 5,90 €; 2) X: 52,60 €; Y: 60,25 €; 3) 130 000 €

N.º	Soluções
115	a) 7,8125€/Hh; b) 6,00€/Hh; c) 0,12€/kW
116	1) Produção: 8,65 €/Hm; Montagem: 6,15€/Hh; 2) 111,65 €/unidade
117	Lavagem: 20 €/Hm; Moagem: 25 €/Hm; Extração: 15 €/Hh
118	Custo total: 150 000 €; custo da unidade de obra: 15 €/unid.
119	1) Descasque: 31,55 €; Seleção: 34,12 €; Acabamento: 24,38 €; 2) A1 4.876 €; A2 10.239,6 €
120	1) S Mistura e Enchimento: 1 550 €/Ton.; S Secagem e Vidragem: 150 €/Hm.; S Cozedura: 60 €/kW; 2) Évora: 47,30 €/unid.; Chaves: 96,10 €/unid.; 3) Évora: 854 000 €; Chaves: 144 500 €
121	1) S. Manutenção: 78 401 €; Cantina: 87 000 €; S. Produção: 655 608,60 €; S. Acabamento: 541 211 €; D. Administrativo: 98 673 €; D. Comercial: 87 100 €; 2) S. Produção:15,10 €; S. Acabamento: 12 €; 3) CPPA: 180 120 € e CPPA unitário: 90,06 €
122	1) A: 14 €/Hh; B: 30 €/Hm; 2) 1 952 €; 3) Subimputação de 13.280 €
123	1) Departamento I: 12 975 €; Departamento I: 7 945 €; Departamento III: 5 485 €; 2) Óleo de Soja: 3,10 €; Óleo de Amendoim: 3,40 €; 3) 67 925 €
124	1) S Produção: 10,085 €/Hm; S Embalagem: 1,25 €/lata; 2) Produto A: 31 197,75 €; Produto B: 29 957,25 €; 3) Anexo 124.3
125	1) Descasque: 39 €; Seleção: 46 €; Embalagem: 27,50 €; Limpeza: 10,00 €; 2) C1: 119.750 €; C2: 140.600 €
126	1) e 2) Anexo E126.1/2; 3) 135 479 €; 4.a) 1 962,50 €; 4.b) 23 145 €; 4.c) 218 €; 4.d) 1 070 €
127	1) Dep. I: 38,50 €/Hm; Dep. II: 102,601 €/Hm; 2) Prod. A: 102 €/unid.; Prod. B: 65,50 €/unid.; 3) 200 000 €
128	1) Frasco Polpa Tomate: 27 338 €; Lata de Tomate Conserva: 10 920 €; 2) Frasco Polpa Tomate: 1 200 €; Lata de Tomate Conserva: 1 820 €; 3) Anexo E128.3
129	14.000€, 21.000€ e 7.000€
130	251.032,50
131	P: 21,05€; C: 35,90€
132	1) A: 125 €; B: 100 €; 2) A: 64,3(3) €; B: 221,3(3) €
133	Alfa) 41,25€/unid.; Gama: 19,95€/unid.
134	1) A: 175 000 €; B: 325 000 €; 2) A: 241 500 €; B: 258 500 €
135	1) Superior: 120,20 €; Regular: 89,32 €; 2) Superior: 131,65 €; Regular: 84,74 €;
136	F: 12,50 €; S: 4,00 €; T: 14,00 €
137	1) A: 765 €; B: 1 355 €; 2) A: 995 €; B: 1 762 €

N.º	Soluções
138	1) Custo: 8 000 €; PV: 10 400 €; 2) Custo: 10 765 €; PV: 13 994,50 €
139	A: 35,42 €; E: 70,15€
140	27 €/unidade
141	1) Preparação: 20,80 €/Hm; Programação: 5,37 €/setup: Esticar/Cortar: 19,54 €/Hm; Embalagem: 0,05 €/unidade; Manutenção: 26,13 €/Hh; 2) Massa folhada: 0,68 €/ embalagem; Massa quebrada: 0,47 €/embalagem
142	6.280€
143	29.470€.
144	1) 137.912,50€; 2) MOD: 550 € sobre imputação e GIP: 1.050 € Sub imputação; 3) 79.292,50 €
145	1) 15 €/Hh; 2) AU-225: 7 200 €; AU-15: 3 675 €; AU-175: 6 200 €; 3) CPSP: 10 875 €; Custo dos Serviços em Curso: 6.200 €; 4) Sobre imputação de 3 000 €; 4)
146	1) OP 107: 134 000 €; OP 211: 142 110 €; OP 108: 206 850 €; OP 205: 192 325 €; OP 115: 68 835 €; 2) Inv. Finais P Acab.: 192 325 €; Inv. Finais de PVF: 115: 68 835 €; 3) Subimputação de 4 000 €; 4) Anexo E146.4
147	1) 53.260 €; 2) 6.000 €; 3) 9.190 €; 4) 18.641 €; 5) MOD: sub imputação de 1.860€; GIP: sub imputação de 1.830 €; 6) Aumentar o valor em 738 €
148	1) 129 030 €; 2) 52 850 €; 3) 101 000 €; 4) 28 030 €; 5) Subimputação de 8 600 €; 6) 160 000 €
149	1) 4 €/Hh; 2) CPPA: 72 375 €; PVF final: 29 125 €; 3) 7 172 € ; 4) 8 092€
150	26 172,25 €
151	1) FL01: 6 038 €; PICO1: 5 520 €; VICO2: 942 €; 2) Subimputação de 100 €; 3) 1 293,90 €; 4) Subimputação de 630 €
152	1) 9,75 €/Hh; 2) Branco: 18 040 €; Cinza: 18 375 €; Neutro: 8 600 €; 3) Branco: 2 534,40 €; Cinza: 155 €; Neutro: 2 535 €; 4) 5 €/Hh; 5) 45 067,50 €; 6) 18 697,50 €; 7) Anexo E152.7
153	1.a) 21 000 € e 35 €; 1.b) 30 000 € e 50 €; 1.c) 19 800 € e 33 €; 1.d) 24 750 € e 41,25 €; 2) – 1,06 €
154	1) 19,00 €/€MOD; 2) X: 38 700 €; Y: 1 000 €; Z: 162 800 €; W: 122 800 €; 3) Sobre imputação de 5 100 €
155	1) 9,50 €/hora; 2) CPPA: 87 835 €; PVF final = 93 925€
156	1) O3054: 41 076,70 €; O3055: 4 150,40 €; 2) Subimputação de 350 €; 3) 5 810,56 €
157	1) 16,50 €; 2) Mecânica: 6 €/Hh; Elétrica: 25 €/Hm; 3) 5 325 €; 4) 7 100 €; 5) 5 584 €; 6) Mecânica: sobre imputação de 2 010 €; Elétrica: sub imputação de 25 200 €;

N.º	Soluções
158	1) rolos: 24 112,30 €; colas: 2 219,50 €; 2) rolos: 24 651 €; colas: 2 556 €; 3) MOD: 10,60 €/Hh; GIP: 7,50 €/Hh; 4) AM: 21 090,20 €; AR: 47 871,60 €; 5) sobre imputação de 5 050 €; 6) 6 327,06 €
159	1) Madeira: 23 €; Verniz: 3,30 €; Tintas: 4,80 €; 2) 5,50 €; 3) M505: 16.000 €; A909: 42.300 €; 4) RB(A707): 21.000 €; RB (M505): 29.000€ ; RB (A909): 70.200€; RO: 93.270 €; RC: 88.270 €
160	**EIPVF** - MPA -20%, CT-15%; **EFPVF** - MPA – 100%, CT – 60%
161	149.945 U.E.
162	10,75€
163	7,64 €.
164	577.332 €
165	1) CPPA: 92 850 €; PVF final: 4 720 €; 2) CPPA: 100 388,50 €; PVF final: 43 622 €
166	1) CPPA: 98 097,50 €; PVF final: 9 442,50 €; 2) CPPA: 98 165 €; PVF final: 9 375 €
167	1.a) 99,80 €/unidade; 1.b) 998.000€; 2) 160.750€
168	1) CPPA: 721 000 €; PVF final: 65 000 €; 2) CPPA: 722 666,6(6) €; PVF final: 63 333,3(3) €)
169	1) CPPA: 77 175 €; CPPA unitário: 22,05 €/unid.; PVF final: 31 725 €; 2) CPPA: 69 300 €; CPPA unitário: 19,80 €/unid.; PVF final: 39 600 €
170	1) 9 397,60 €; 2) 50 €/unid.
171	1) Cortiça: 29 502 €; Verniz: 10 092€; 2) Secção A: 41 232 €; Secção B: 65 057,40 €
172	1) CPPA: 33 600 €; CPPA unit.: 8 €/unid.; PVF final: 5 715 €; 2) CPPA: 64 000 €; CPPA unit.: 16 €/unid.; PVF final: 7 700 €;
173	1) CPPA = 58 524 €; PVF final = 2 150 €; 2) CPPA = 107 939 €; PVF final = 34 072,50 €
174	1) CPPA: 19 560€; PVF final: 5 200 €; 2) CPPA: 42 156,50 €; PVF final:14 362,50 €
175	1) Fase I: 18 900 €; Fase II: 17 120 €; 2) 307 500 €; 3) 207 562,50 €
176	1) 368 225 €; 2) 968 400 € e 53,80 €/unid; 3) 95 770 €
177	1) 0,91 €/garrafa; 2) 1 872,45 €/palete; 3) 7 375 €
178	1) 151.211 €; 2.a) 252.995 €; 2.b) 393.750 € e 87,50 € 2.c) 581.250 € e 125,00 €; 3) 100 387,50 €
179	4 €
180	95.760 €
181	1) X = 6,32 €/unid; Y= 2,78(6) €/unid; 2) X = 6 €/unid; Y= 3 €/unid.

N.º	Soluções
182	706 500 €
183	AA: 1,80 €/unid.; BB: 3,60 €/unid.
184	1) X: 1,90€; Y: 1,425€; 2) 707,650€; 3) 272.650€
185	1) Açúcar: 47 952,00 €; Xarope de açúcar: 41 958,00 €; Xarope de frutose: 29 970,00 €; 2) Açúcar: 10 €/kg; Xarope de açúcar: 13,00 €/kg; Xarope de frutose: 23 €/kg
186	1) I: 4 950 €; II: 21 514 €; III: 5 660 €; 2) M: 122 940 € e 135,0989 €/un.; N: 77 020€ e 148,1154 €/un.; 3) MB: 68 280,99 €; RAI: 38 749,99 €
187	1) Compotas: 1,54 €/frasco; Sumos: 1,22 €/garrafa; 2) Compotas: 93 100 €; Sumos: 13 650 €; Pó de Casca: 300 €; 3) 88 610 €
188	1) Descasque/Corte: 7,85 €/Hh; Processamento: 11,68 €/Hh; Cozimento e Embalagem: 0,13 €/unid.; 2) Toletes: 1,49 €/frasco; Rodelas: 1,27 €/frasco; Picado: 1,12 €/frasco
189	1) Dep. I: 1 815 € e 0,25 €/Hh; Dep. II: 5 440,50 € e 1,50 €/Hm; 2) X: 2,5810 €/un.; Y:1,8583 €/un.; Z: 3,8439 €/un.; 3) Anexo E189.3
190	1) Manteiga: 650 €/Ton; Leite condensado: 1 060 €/Ton; 2) Manteiga: 523,28 €/Ton; Leite condensado: 1 566,88 €/Ton;
191	1) Secção I: 11 908,60 €; Secção II: 7 580 €; Secção III: 6 950 €; 2) 37 500 €; 3) Produto X: 2,10 €/unid.; Produto Y: 2,44 €/unid.; 4) Anexo E191.4;5) Produto X: 1,88557 €/unid.; Produto Y: 2,84 €/unid.
192	V: 0,5040 €/unidade , I: 0,2880 €/unidade; Casca: 44,00 €/Ton
193	580 €
194	1) 74 250 €; 2.a) 71 577 €; 2.b) 6 507 €; 2.c) 3 765 €
195	1) 100 €; 2.a) 48.000 €; 2.b) 100 €, 2.c) 300 €; 2.d) 1.200 €; 3) Anexo E195.3; 4.a) + 0,25€; 4.b) -1.575 €; 4.c) Anexo E195.4c
196	1) Custo unitário:16,20 €/unid.; Custos Total: 157 950 €; Resultados acidentais: – 810 €; 2) Resultados acidentais: 92,50 €; Valor produção útil: 154 537,50 €; Valor produção entrada em armazém: 158 667,50 €
197	1) 68 400 €; 2) 6 840 €
198	Caso 1) Valor dos inventários de produção obtidos sem defeito: 9 800 €; Valor dos inventários de produção obtidos com defeito: 0 €; Resultados Acidentais: – 200 €; Caso 2) Valor dos inventários de produção obtidos sem defeito: 9 500 €; Valor dos inventários de produção obtidos com defeito: 350 €; Resultados Acidentais: - 150 €; Caso 3) Valor dos inventários de produção obtidos sem defeito: 19 350 €; Valor dos inventários de produção obtidos com defeito: 0 €; Resultados Acidentais: – 860 €;

N.º	Soluções
199	1) Produção conforme: 27 750 €; Produção não conforme: 1 350 €; 2) Gastos acidentais: 300 €; 3) MOD: sobre imputação de 2 000 €; GIP: sub imputação de 22 000 €; 4) 33 960 €; 5) Produção conforme: acréscimo de 4 440 €; Produção não conforme: 0 €; Gastos acidentais: acréscimo de 120 €
200	1) Lucro nulo; 2.a) 1.520.000 €; 2.b) 48.000 €; 3) – 12.800€
201	1) Alfa: 13,77 €/unid.: Domus: 6, 19 €/unid.; 2) 27 992,50 €; 3) Custo do produto Alfa sem defeito: 42 400 €; Custo do produto Alfa com defeito: 1 050 €; Resultados acidentais: 650 €
202	1) 72 375 €; 2) 2 100 €; 3) 75 €
203	1) CPPA: 280 937,50 €; CPPA unit. : 7,25 €/peça; 2) 2 722,50 €
204	1) R: 167 220 €; Q: 82 343,75 €; RS: 10 219 €; QS: 2 187,50 €; 2) 464,50 €
205	1) Produção: 20 €/Hm; Montagem: 10 €/Hh; 2) 5 510 €; 3) 38 €

ANEXOS

Anexo E2.1

Demonstração dos Resultados por Naturezas

RENDIMENTOS E GASTOS	Ano N
Vendas e serviços prestados	45 000 €
Subsídios à exploração	– €
Variação nos inventários da produção	4 200 €
Trabalhos para a própria entidade	– €
Custos das mercadorias vendidas e das matérias consumidas	5 000 €
Fornecimentos e serviços externos	3 300 €
Gastos com o pessoal	17 500 €
Imparidade de inventários (perdas/reversões)	– €
Imparidade de dividas a receber (perdas/reversões)	– €
Provisões (aumentos/reduções)	– €
Outras imparidades (perdas/reversões)	– €
Aumentos/reduções de justo valor	– €
Outros rendimentos e ganhos	– €
Resultado antes de depreciações, gastos de financiamentos e impostos	23 400 €
Gastos/reversões de depreciação e de amortização	1 200 €
Resultado operacional (antes de gastos de financiamento e impostos)	22 200 €
Juros e rendimentos similares obtidos	– €
Juros e gastos similares suportados	– €
Resultado antes de impostos	22 200,00 €
Imposto sobre o rendimento do período	5 550,00 €
Resultado liquido do período	16 650,00 €

Anexo E2.2

Demonstração dos Resultados por Funções

RÚBRICAS	Ano N
Vendas e serviços prestados	45 000,00 €
Custo das vendas e dos serviços prestados	10 800,00 €
Resultado Bruto/Margem Bruta	34 200,00 €
Outros rendimentos	- €
Gastos de distribuição	10 000,00 €
Gastos administrativos	2 000,00 €
Gastos de investigação e desenvolvimento	- €
Outros gastos	- €
Resultado operacional	22 200,00 €
Gastos de financiamento (líquidos)	- €
Resultado antes de impostos	22 200,00 €
Imposto sobre o rendimento do período	5 550,00 €
Resultado liquido do período	16 650,00 €

Anexo E4

DRN	Vendas / Custo das matérias consumidas / Gastos com pessoal / Variação nos inventários da produção / Gastos de financiamento / Fornecimentos e serviços externos / Subsídios à exploração / Resultado operacional / Resultado líquido
DRF	Vendas / Custo das vendas / Gastos de distribuição / Gastos administrativos / Resultado bruto (ou Margem bruta) / Gastos de financiamento / Outros gastos operacionais / Resultado operacional / Resultado líquido
Balanço	Inventários finais de matérias-primas / Inventários finais de produtos acabados / Inventário finais de produtos em vias de fabrico / Resultado líquido

Anexo E14

Operações		Valor	Conta a debitar		Conta a creditar	
N.º	Descrição		Código	Designação	Código	Designação
1	Registo na CG dos Inventários iniciais de MP	2 000 €	9521	Armazém de MP – MP A	9132.1	Invent. Inic. refletidos – MP A
2	Compra de Matéria-prima A	15 000 €	9521	Armazém de MP – MP A	9151	Compras refletidas – MP A
3	Consumo de Matéria-prima A no Produto X	5 000 €	942.1	Custos de Produção – Produto X	9521	Armazém de MP – MP A
4	Consumo de Matéria-prima A no Produto Y		942.2	Custos de Produção – Produto Y	9521	Armazém de MP – MP A
5	Reclassificação de Gastos c/ Pessoal, como MOD	8.800 €	922	Reclassificação de Custos – MOD	9163	Gastos c/ Pessoal Refletidos
6	Reclassificação de Gastos c/ Pessoal, como MOI	1.500 €	921	Reclassificação de Custos – GIP	9163	Gastos c/ Pessoal Refletidos
7	Reclassificação de Gastos c/ Pessoal, como Gastos Administrativos	800 €	924	Reclassificação de Custos – Gastos Administrativos	9163	Gastos c/ Pessoal Refletidos
8	Reclassificação de Gastos c/ Pessoal, como Gastos de Distribuição	900 €	925	Reclassificação de Custos – Gastos de Distribuição	9163	Gastos c/ Pessoal Refletidos
9	Gasto com MOD na produção do Produto X	3.600 €	942.1	Custos de Produção – Produto X	922	Reclassificação de Custos – MOD
10	Gasto com MOD na produção do Produto Y	5.200 €	942.2	Custos de Produção – Produto Y	922	Reclassificação de Custos – MOD
11	Reclassificação dos Gastos c/ energia elétrica, como GIP	2.000 €	921	Reclassificação de Custos – GIP	916241	FSE Refletidos – eletricidade

Operações		Valor	Conta a debitar		Conta a creditar	
N.º	Descrição		Código	Designação	Código	Designação
12	Reclassificação dos Gas~~tos c/~~ energia elétrica, como Gastos Administrativos	500 €	924	Reclassificação de Custos – Gastos Administrativos	916241	FSE Refletidos – eletricidade
13	Imputação de GIP ao Produto X	2.100 €	942.1	Custos de Produção – Produto X	921	Reclassificação de Custos – GIP
14	Imputação de GIP ao Produto Y	1.400 €	942.2	Custos de Produção – Produto Y	921	Reclassificação de Custos – GIP
15	Registo na CG dos Inventários iniciais de Produto X	850 €	9541.1	Armazém de PA – Produto X	9134.1	Inventários Iniciais Refletidos – P. Acab. X
16	Entrada de Produto X em armazém	10.000 €	9541.1	Armazém de PA – Produto X	942.1	Custos de Produção – Produto X
17	Entrada de Produto Y em armazém	12.000 €	9541.2	Armazém de PA – Produto Y	942.2	Custos de Produção – Produto Y
18	Venda(s) – Produto X	15.000 €	9171.1	Vendas Refletidas – Produto X	981.1	Resultado Bruto – Produto X
19	Custo das Vendas – Produto X	7.200 €	981.1	Resultado Bruto – Produto X	9541.1	Armazém de PA – Produto X

Anexo E15.2

1	Compra de Matérias primas
1 a)	Aquisição de Matérias primas
1 b)	Entrada em inventários
2	Atribuição dos gastos com pessoal aos serviços administrativos, comerciais, custo dos produtos, e GIP
3	Atribuição dos FSE aos serviços administrativos, comerciais, e GIP
4	Consumo de matérias-primas
5	Imputação dos GIP aos produtos
6	Mensuração da produção acabada
6 a)	Entrada em Armazém de produtos acabados - Produto A
6 b)	Entrada em Armazém de produtos acabados - Produto B

Anexo E15.3

Contas	Saldo Devedor	Saldo Credor	Notas
331	700 €	-	Inventário final de MP
935	2 000 €	-	Custos de secção administrativa
934	1 500 €	-	Custos de secção comercial
921		-	Reclassificação de custos GIP saldada
9421	3 071 €	-	Saldo igual a produtos em vias de fabrico
9422	-	-	Saldada, todos os produtos foram acabados e seguiram par o armazém
341	6 143 €	-	Saldo igual a inventário de produto acabado A
342	7 586 €	-	Saldo igual a inventário de produto acabado B

Anexo E16.2

1	Matérias primas
1 a)	Registo de inventários iniciais
1 b)	Compras
1 c)	Consumo das matérias-primas
2	Registo de Inv. Iniciais de Produtos Acabados
3	Imputação dos custos de transformação aos produtos
3 a)	Gastos c/ pessoal
3 b)	FSE
3c)	Depreciações e amortizações
4	Transferência do custo de produção acabada para armazém
5	Vendas / Resultados Brutos por produto
5 a)	Valor das vendas para resultados
5 b)	CPPV para resultados

Anexo E17

91 – CONTAS REFLETIDAS

92 RECLASSIFICAÇÃO

9162 FSE Refletidos

	1	84 000 €

921 – Gastos Indiretos de produção

1	50 400 €	
2	59 800 €	
3	77 700 €	

9163 Gastos c/ Pessoal Refletidos

	2	92 000 €

924 Gastos Administrativos

1	16 800 €	
2	13 800 €	
3	16 650 €	

9164 Depreciações Refletidas

	3	111 000 €

925 Gastos de Distribuição

1	16 800€	
2	18 400 €	
3	16 650 €	

Anexo E18

921 Gastos Indiretos de Produção

9163)	32 000 €	942)	247 500 €
9164)	130 000 €		
9162)	85 500 €		
	247 500 €		

Anexo E19

952 Armazém de MP			
		655 696 €	1)

94 1 Custos de Produção			
1)	655 696 €		

9162 FSE			
		602 320 €	3)

921 Gastos Ind. Prod.			
2)	102 672 €		
3)	414 720 €		
4)	130 000 €		

925 Gastos de Distribuição			
2)	96 000 €		
3)	168 640 €		
4)	10 600 €		

924 Gastos Administrativos			
2)	359 344 €		
3)	18 960 €		
4)	10 600 €		

9163 Gastos c/ Pessoal			
		1 258 016 €	2)

921 MOD			
2)	700 000 €		

927 Gastos Financeiros			
5)	13 389 €		

9164 Gastos de depreciação			
		151 200 €	4)

928 Rendimentos Financ.			
		1 105 €	6)

9169 Gastos e perdas fiananc.			
		13 389 €	5)

9179 Juros, divid. e ...			
6)	1 105 €		

Anexo E20

61 9 CMVMC

Débito		Crédito	
		655 696 €	1)

94 1 Custos de Produção

Débito		Crédito
1)	655 696 €	

62 9 FSE

Débito		Crédito	
		602 320 €	3)

921 Gastos Ind. Prod.

Débito		Crédito
2)	102 672 €	
3)	414 720 €	
4)	130 000 €	

925 Gastos de Distribuição

Débito		Crédito
2)	96 000 €	
3)	168 640 €	
4)	10 600 €	

924 Gastos Administrativos

Débito		Crédito
2)	359 344 €	
3)	18 960 €	
4)	10 600 €	

63 9 Gastos c/ Pessoal

Débito		Crédito	
		1 258 016 €	2)

921 MOD

Débito		Crédito
2)	700 000 €	

927 Gastos Financeiros

Débito		Crédito
5)	13 389 €	

64 9 Gastos de depreciação

Débito		Crédito	
		151 200 €	4)

928 Rendimentos Financ.

Débito		Crédito	
		1 105 €	6)

69 9 Gastos e perdas de fiananc.

Débito		Crédito	
		13 389 €	5)

79 9 Juros, dividendos e ...

Débito		Crédito
6)	1 105 €	

Anexo E21

91 – CONTAS REFLETIDAS

9162 FSE Refletidos

		2	350 000 €

9163 Gastos c/ Pessoal Refletidos

		3	600 000 €

9164 Depreciações Refletidas

		4	220 000 €

9168 Outros Gastos e perdas Reflet.

		5	70 000 €

9169 Gastos e perdas de financiamento

		15	10 000 €

9171 Vendas Refletidas

8	2 013 125 €		

9178 Outros Rendimentos e Ganhos Refletidos

14	15 000 €		

9179 Juros, divid. e rend. similares Reflet.

13	12 000 €		

92 RECLASSIFICAÇÃO

924 Gastos Administrativos

2	17 500 €	10	58 900 €
3	30 000 €		
4	4 400 €		
5	7 000 €		
	58 900 €		

925 Gastos de Distribuição

2	70 000 €	11	191 600 €
3	90 000 €		
4	17 600 €		
5	14 000 €		
	191 600 €		

94 CÁLCULO DE CUSTOS

942 – Custos de Produção

1	250 000 €	5	1 239 500 €
2	262 500 €		
3	480 000 €		
4	198 000 €		
5	49 000 €		
	1 239 500 €		

944 – CPPV

6	929 625 €	7	929 625 €

95 INVENTÁRIOS

952 – Matérias

		1	250 000 €

9541 Prod. Acabados

5	1 239 500 €	6	929 625 €
	Saldo Final =		285 000 €

981 Resultados Brutos

7	929 625 €	8	2 013 125 €
9	1 083 500 €		
	2 013 125 €		

982 Resultados Operacionais

10	58 900 €	9	1 083 500 €
11	191 600 €		
12	833 000 €		
	1 083 500 €		

983 Resultados Correntes

15	10 000 €	12	833 000 €
		13	12 000 €
		14	15 000,00 €
	Sld Final (RC) =		850 000 €

Anexo E22

915 Compras refletidas			
		2	392 500 €

9162 FSE Refletidos			
		5	399 250 €

9163 Gastos c/ Pessoal Refletidos			
		6	500 000 €

9164 Depreciações Refletidas			
		7	250 000 €

9169 Gastos e perdas de financiamento			
		19	35 000 €

9171 Vendas Refletidas			
11	2 170 000€		

9178 Outros Rendimentos e Ganhos Refletidos			
18	10 000 €		

9179 Juros, dividendos e rendim. similares Reflet.			
17	675 000 €		

9132 Inv Iniciais Refletidos – MP			
		1	30 000 €

9136 Inv Iniciais Refl. – Prod. em Curso			
		4	50 000 €

924 Gastos Administrativos			
5	7 985 €	13	31 735 €
6	17 500 €		
7	6 250 €		
	31 735 €		

925 Gastos de Distribuição			
5	63 880 €	14	213 880 €
6	125 000 €		
7	25 000 €		
	213 880 €		

928 Gastos de I&D			
5	7 985 €	15	21 735 €
6	7 500 €		
7	6 250 €		
	21 735 €		

9134 Inv Inic. Refl. – Prod. Acab			
		9	220 000 €

942 – Custos de Produção			
4	50 000 €	8	1 235 000 €
3	378 100 €		
5	319 400 €		
6	350 000 €		
7	212 500 €		
	1 310 000 €		

Saldo Final = 75 000 €

944 – CPPV			
10	1 170 000 €	10	1 170 000 €

952 – Matérias-primas			
1	30 000 €	3	378 100 €
2	392 500 €		

Saldo Final = 44 400 €

9541 Prod. Acabados			
9	220 000 €	10	1 170 000 €
8	1 235 000 €		

Saldo Final = 285 000 €

98 – RESULTADOS

981 Resultados Brutos			
10	1 170 000 €	11	2 170 000 €
12	1 000 000 €		

982 Resultados Operacionais			
13	31 735 €	12	1 000 000 €
14	213 880 €		
15	21 735 €	18	10 000 €
16	742 650 €		

983 Resultados Correntes			
19	35 000 €	16	742 650 €
		17	675 000 €

Sld Final (RC) = 1 382 650 €

Anexo E23

915 Compras refletidas

	Débito		Crédito
		2	344 770 €

9162 FSE Refletidos

	Débito		Crédito
		5	784 180 €

9163 Gastos c/ Pessoal Refletidos

	Débito		Crédito
		6	1 027 500 €

9164 Depreciações Refletidas

	Débito		Crédito
		7	255 216 €

9169 Gastos e perdas de financiamento

	Débito		Crédito
		19	32 875 €

9171/9172 Vendas e Prestações de Serviços Refletidos

	Débito		Crédito
11	2 008 983 €		

9178 Outros Rendimentos e Ganhos Refletidos

	Débito		Crédito
18	9 500 €		

9179 Juros, dividendos e rendim. similares Reflet.

	Débito		Crédito
17	5 469 €		

9132 Inv Iniciais Refletidos – MP

	Débito		Crédito
		1	45 000 €

9175 Subsídios à Exportação

	Débito		Crédito
4	34 033 €		

924 Gastos Administrativos

	Débito		Crédito
5	16 236 €	13	63 491 €
6	40 875 €		
7	6 380 €		
	63 491 €		

925 Gastos de Distribuição

	Débito		Crédito
5	127 298 €	14	409 695 €
6	256 875 €		
7	25 522 €		
	409 695 €		

928 Gastos de I&D

	Débito		Crédito
5	13 000€	15	25 500 €
6	10 500€		
7	6 250 €		
	23 500 €		

9134 Inv Inic. Refl. – Prod. Acab

	Débito		Crédito
		9	180 517 €

942 – Custos de Produção

	Débito		Crédito
		8	1 904 980 €
3	334 770 €		
5	627 646 €		
6	719 250 €		
7	223 314 €		
	1 904 980 €		

Saldo Final = 75 000 €

944 – CPPV

	Débito		Crédito
10	1 450 899 €	10	1 450 899 €

952 – Matérias-primas

	Débito		Crédito
1	45 000 €	3	334 770 €
2	344 770 €		

Saldo Final = 55 000 €

9541 Prod. Acabados

	Débito		Crédito
9	180 517 €	10	1 450 899 €
8	1 904 980 €		

Saldo Final = 634 598 €

98 – RESULTADOS

981 Resultados Brutos

	Débito		Crédito
10	1 459 899 €	11	2 008 983 €
12	558 084 €		

982 Resultados Operacionais

	Débito		Crédito
13	63 491 €	12	558 084 €
14	409 695 €	4	34 033 €
15	23 500 €	18	9 500 €
16	104 931 €		

983 Resultados Correntes

	Débito		Crédito
19	32 875 €	16	104 931 €
		17	5 469 €

Sld Final (RC) = 77 525 €

Anexo E23.2

	DÉBITO	CRÉDITO	SALDO DEVEDOR	SALDO CREDOR
9132 Inv Iniciais Refletidos – MP		45 000 €		45 000 €
9134 Inv Iniciais Refl. – Prod. Acab.		180 517 €		180 517 €
915 Compras refletidas		344 770 €		344 770 €
9162 FSE Refletidos		784 180 €		784 180 €
9163 Gastos c/ Pessoal Refletidos		1 027 500 €		1 027 500 €
9164 Depreciações Refletidas		255 216 €		255 216 €
9132 Inv Iniciais Refletidos – MP				- €
9169 Gastos e perdas de financ. refletidos		32 875 €		32 875 €
9171 Vendas Refletidas	1 962 210 €		1 962 210 €	
9172 Prestação Serviços Refletidos	46 773 €		46 773 €	
9175Subsidios à exploração refletidos	34 033 €		34 033 €	
9178 Outros Rendim. e Ganhos Refletidos	9 500 €		9 500 €	
9179 Juros, divid. e Rendim. Símil. Reflet.	5 469 €		5 469 €	
924 Gastos Administrativos	63 491 €	63 491 €	- €	
925 Gastos de Distribuição	409 695 €	409 695 €	- €	
928 Gastos de I&D	23 500 €	23 500 €	- €	
942 – Custo de Produção	1 904 980 €	1 904 980 €	- €	
944 – CPPV Custo Produção Prod. Vendidos	1 450 899 €	1 450 899 €	- €	
952 – Matérias-primas	389 770 €	334 770 €	55 000 €	
9541 Prod. Acabados	2 085 497 €	1 450 899 €	634 598 €	
981 Resultados Brutos	2 008 983 €	2 008 983 €	- €	
982 Resultados Operacionais	601 617 €	601 617 €	- €	
983 Resultados Correntes	32 875 €	110 400 €		77 525 €
TOTAL	11 029 292 €	11 029 292 €	2 747 583 €	2 747 583 €

Anexo E55.3

922 – Gastos diretos com pessoal da produção (MOD)

(crédito da 9163 – Gastos com pessoal)	73 000,00 €	70 551,60 €	(débito na 942 – Custos de produção)
		1 906,80 €	(débito na 982 Resultados Operacionais)
		541,60 €	(débito na 975 Diferenças de imputação)

Anexo E109.2

DR (Custeio Variável)	PQ1	PQ2	Total
Vendas	88 000 €	3 500 €	91 500 €
Custos das vendas	73 920 €	3 120 €	77 040 €
Gastos de Distribuição variáveis	6 400 €	400 €	6 800 €
Margem de Contribuição	7 680 €	- 20 €	7 660 €
Gastos Fixos de Produção			7 550 €
Resultados operacionais			110 €

Anexo E124.3

9321 Secção de Produção

Custos de transformação 916/921/922)	22 500,00 €	11 597,75 €	CPPA produto A (9541)
S. Manutenção (9331)	1 300,00 €	13 614,75 €	CPPA produto B (9542)
S. Energia (9332)	1 412,50 €		
	25 212,50 €	25 212,50 €	

Anexo E126.1/2

	Gestão Ambiental	Jardins e Espaços verdes	Gestão de Resíduos	Limpeza Urbana
Custo total	58 875 €	124 880 €	78 480 €	74 900 €
Custo unitário	7,85 €/Hh	22,30 €/m^2	43,60 €/Ton.	1,07 €/m^2

Anexo E128.3

DRF	Frasco Polpa tomate	Lata de tomate conserva	Total
Vendas	95 000,00 €	33 250,00 €	128 250,00 €
Custo das vendas	28 500,00 €	9 880,00 €	38 380,00 €
Resultado Bruto	66 500,00 €	23 370,00 €	89 870,00 €
Gastos de Distribuição variáveis	741,00 €	259,00 €	1 000,00 €
Margem de Contribuição	65 759,00 €	23 111,00 €	88 870,00 €
Gastos de Distribuição fixos			9 000,00 €
Gastos Administrativos fixos			20 000,00 €
Custos de Produção não incorporados			26 503,00 €
Resultado operacional			33 367,00 €

Anexo E146.4

Ordens de Produção	CPPV (DR do período) 107	211	108	Inv. Final de Prod. Acab. 205	Inv. Final de PVF 115	TOTAL
Repartição proporcional por todas as OP	2,00%	3,90%	40,50%	35,300%	18,30%	100,00%
	80,00 €	156,00 €	1 620,00 €	1 412,00 €	732,00 €	4 000,00 €
Repartição proporcional apenas pelas OP vendidas	4,225%	8,451%	87,324%	0,000%	0,00%	100,00%
	169,00 €	338,04 €	3 492,96 €	- €	- €	4 000,00 €

Anexo E152.7

DRF	P28	P30	Total
Vendas	29 646,00 €	24 435,00 €	54 081,00 €
Custo das Vendas	24 705,00 €	20 362,50 €	45 067,50 €
Resultado Bruto	4 941,00 €	4 072,50 €	9 013,50 €
Gastos de Distribuição	4 500,00 €	3 000,00 €	7 500,00 €
Margem Comercial	441,00 €	1 072,50 €	1 513,50 €
Gastos Administrativos			1 500,00 €
Resultado Operacional			13,50 €
Gastos de financiamento			1 600,00 €
Resultado antes de impostos			- 1 586,50 €

Anexo E189.3

DRF	Prod. X	Prod Y	Prod Z	Subprod. S	Total
Vendas	81 000,00 €	20 800,00 €	10 500,00 €	2 500,00 €	114 800,00 €
Custo das vendas	21 825,10 €	5 859,11 €	4 963,90 €	1 800,00 €	34 448,11 €
Resultado Bruto	59 174,90 €	14 940,89 €	5 536,10 €	700,00 €	80 351,89 €
Gastos de Distribuição	24 300,00 €	7 800,00 €	4 200,00 €	500,00 €	36 800,00 €
Custos de produção não incorporados					21 426,89 €
Gastos Administ. e Financeiros					12 125,00 €
Resultados antes de impostos					10 000,00 €

Anexo E191.4

DRF	Produto X	Produto Y	Subproduto R	Total
Vendas	67 000,00 €	117 000,00 €	1 500,00 €	185 500,00 €
Custo das vendas	14 070,00 €	32 500,00 €	1 470,00 €	48 040,00 €
Resultado Bruto	52 930,00 €	84 500,00 €	30,00 €	137 460,00 €
Gastos de Distribuição	1 340,00 €	2 340,00 €	30,00 €	3 710,00 €
Custos de produção não incorporados				2 110,00 €
Gastos Administ. e Financeiros				10 500 €
Resultados antes de impostos				121 140,00 €

Anexo E195.3

94.2.GY50 – Custos de Produção do produto GY50

	Débito	Crédito	
(PVF in)	- €	- €	(PVF fin.)
(Custos produção do per.)	49 600 €	48 000 €	(Produção sem defeito)
		100 €	(Prod. Def. Normal)
		300 €	(Prod Def. Anormal)
		1 200 €	(Resultados acidentais)
	49 600 €	49 600 €	

Anexo E195.4c

94.2.GY50 – Custos de Produção do produto GY50

	Débito	Crédito	
(PVF in)	- €	- €	(PVF fin.)
(Custos produção do per.)	49 600 €	48 120 €	(Produção sem defeito)
Gastos c/ eliminação prod. def.	95 €	- €	(Prod. Def. Normal)
		- €	(Prod Def. Anormal)
		1 575 €	(Resultados acidentais)
	49 695 €	49 695 €	